Hilda et le peuple caché

Casterman
Cantersteen 47
1000 Bruxelles

www.casterman.com

Publié au Royaume-Uni par Flying Eye Book, une division de Nobrow Ltd.,
sous le titre : *Hilda and the Hidden People*
HILDA™ © 2018 Hilda Productions Limited

Texte de Stephen Davies et illustrations de Seaerra Miller,
d'après les personnages et le scénario créés par Luke Pearson
et Silvergate Media company.

ISBN : 978-2-203-17258-6
N° d'édition : L.10EJDN002080.N001

Achevé d'imprimer en juillet 2018, par Edelvives
(Ctra Madrid km 315,7, 50012 Saragosse, Espagne).
Dépôt légal : septembre 2018 ; D.2018/0053/410
Déposé au ministère de la Justice, Paris (loi n°49.956 du 16 juillet 1949
sur les publications destinées à la jeunesse).

D'après la série adaptée du roman graphique de Luke Pearson

HILDA ET LE PEUPLE CACHÉ

Écrit par Stephen Davies

Illustré par Seaerra Miller

Traduit de l'anglais par Basile Béguerie

casterman

MAISON D'HILDA
MONT BONNET
LA GRANDE FORÊT
CABANE DU BONHOMME DE BOIS

N
O
E
S
GROTTES
DE KISMET
LA GRANDE
CASCADE
LE ROCHER
TROLL

TOP SECRET
DOSSIER
DES MANŒUVRES
STRATÉGIQUES

SOMMAIRE

1

Le vent soufflait et les woffs volaient tranquillement dans le ciel. Au loin, le soleil se couchait. Assise sur un rocher contre le flanc sud du mont Botte, une petite fille aux cheveux bleus tirait la langue.

Hilda tirait toujours la langue lorsqu'elle dessinait. Cela l'aidait à se concentrer. La pointe de son crayon filait sur son carnet tandis qu'elle esquissait les forêts et les plaines, les cascades et les rivières, les sommets enneigés et la luxuriante vallée. Il était très important pour une aventurière de savoir dessiner des cartes. Et l'aventure, Hilda prenait cela très au sérieux.

Une fois les montagnes tracées, Hilda leur donna à chacune un nom en rapport avec leur forme. De sa plus belle écriture, elle les baptisa mont Tasse, mont Lampe, mont Lune, mont Scarabée, mont Bouteille et mont Bonnet. Cette carte prenait fière allure, songea-t-elle. Elle ne pouvait se le dire qu'à elle-même puisqu'il n'y avait personne d'autre à des kilomètres à la ronde. À moins de compter Brindille, mais il ne savait pas parler.

Brindille était un renard-cerf. Une petite boule de poils blancs et de courage qui accompagnait souvent Hilda dans ses aventures.

Au milieu de la plaine étendue devant eux se dressait un énorme rocher. Hilda l'observa, en mettant sa main en visière pour se protéger des rayons du soleil couchant. La chose la plus curieuse sur ce rocher était cette longue pierre pointue qui dépassait sur le côté. « Comme la poignée d'une casserole, pensa Hilda. Ou le nez allongé d'un visage hideux ».

Hilda sentit son sang se glacer. De sa sacoche d'aventurière, elle sortit le livre LES GROTTES ET LEURS HABITANTS PEU SYMPATHIQUES d'Emil Gammelplassen. Elle le feuilleta jusqu'au chapitre sur les trolls.

Certaines espèces de trolls ne supportent pas la lumière du jour. Si un rayon de soleil les atteint, ils se transforment en pierre. Il peut être difficile de distinguer un rocher d'un troll de pierre, mais on devine parfois les traits d'un visage dans la roche, en particulier une excroissance en forme de nez. Au crépuscule, le troll retrouve sa forme d'origine.

Hilda fixa le troll de pierre. C'était la première fois qu'elle en voyait un.

Un promeneur prudent doit toujours prendre garde face à un rocher en hauteur, car il pourrait bien s'agir d'un troll de pierre attendant la nuit. Si tel est le cas, pas de panique : le troll ne bougera pas tant qu'il sera exposé à la lumière du jour. Ces créatures vivent dans des grottes ou des tunnels. Bien qu'il ne soit pas nécessaire pour un aventurier d'éviter ce genre d'endroits, il convient de procéder avec une prudence exceptionnelle et d'être soigneusement préparé.

CHAPITRE UN

Bon nombre de trolls ne se soucient guère des humains. En réalité, ils sont bien moins inquiets en notre présence que nous ne le sommes devant eux. Il existe cependant quelques espèces qui font des êtres humains leur principale source de nourriture et qui se révèlent très douées pour les cuisiner. Mieux vaut donc se munir d'une cloche lorsqu'on s'apprête à traverser leur territoire. Son tintement est particulièrement insupportable pour n'importe quel type de troll.

– Qu'est-ce que tu en penses, Brindille ? demanda Hilda. Je fais un petit dessin du troll de pierre tant qu'il en est encore temps ?

Brindille secoua la queue avec enthousiasme. Il était toujours partant pour l'aventure.

Hilda noua fermement son écharpe jaune autour de son cou, passa la bretelle de sa sacoche par-dessus son épaule et s'élança.

Quelques minutes plus tard, Hilda et Brindille se trouvaient au pied du troll figé. À présent qu'elle pouvait l'observer de près, Hilda distinguait non seulement un nez mais aussi deux creux ovales dans la roche, qui ressemblaient à s'y méprendre à des yeux.

De sa sacoche, elle sortit une clochette reliée à une ficelle.

– À toi de jouer, Brindille, dit-elle. Accroche ça à son nez. Si le troll bouge, la clochette nous avertira.

Brindille prit la ficelle dans sa gueule. Il grimpa avec agilité sur le troll immobile, s'aventura en équilibre le long de son nez et suspendit la clochette au bout.

Hilda s'assit en tailleur et commença à dessiner la silhouette escarpée du troll. Elle tira la langue tandis que son crayon suivait la courbe du corps, la bosse de la tête et, enfin, le nez saillant. Puis elle changea de place et le dessina de profil, avant de le représenter une nouvelle fois de dos.

– Pas mal, murmura-t-elle en examinant le croquis final. Qu'en penses-tu, Brindille ?

Le renard-cerf pencha la tête sur le côté.

– Je sais, ajouta Hilda. La forme des yeux, ça n'est pas tout à fait ça. Il faudrait que je me mette plus près.

Hilda jeta un œil vers l'horizon, où le soleil allait disparaître sous peu. Elle fourra son carnet sous son pull et retira ses bottes rouges.

– Encore vingt minutes avant la tombée de la nuit, murmura-t-elle. J'ai largement le temps pour une dernière esquisse.

La main agrippée à une faille, elle se hissa jusqu'au nez du troll.

Elle était si concentrée qu'elle ne remarqua pas

le gros nuage noir venu de l'ouest qui se dirigeait vers le soleil.

Resté en bas, Brindille se mit à grogner.

Hilda sortit le carnet de sous son pull.

– Un instant, mon grand ! Je descends dès que j'ai fini de dessiner ses yeux.

Puis elle s'assit à califourchon sur le nez et tira à nouveau la langue, les jambes dans le vide. Elle avait eu raison de grimper là-haut. Elle pouvait voir de près la texture et la forme des grands yeux de pierre du troll. Ses pupilles rondes semblaient s'éclairer un peu plus à chaque minute.

La mine du crayon fusait sur le papier. Au sol, Brindille glapissait.

– Désolée, Brindille ! s'excusa Hilda. Je sais que tu as faim. Encore une minute et on rentre à la maison pour le dîner.

Ding.

– Oh, fit Hilda.

Ding-ding.

– Oh pétard, dit Hilda.

CHAPITRE UN

Ding-ding-ding-ding-ding.

– Sauve qui peut ! s'écria Hilda.

2

Hilda remonta à toute vitesse le long du nez du troll, puis glissa sur son dos jusqu'au sol.

Le monstre se releva de toute sa taille. Il fendit l'air de ses griffes tranchantes comme des rasoirs. Le tintement de la clochette était couvert par ses rugissements effrayants.

Hilda avait déjà pris ses jambes à son cou et Brindille la talonnait. Ils détalèrent à travers la plaine, esquivant les rochers et sautant par-dessus les ornières. D'un pas balourd, le troll les poursuivait.

Pour une créature aussi grosse, il était remarquablement rapide.

– Par ici, Brindille ! cria Hilda. En traversant cette rivière, on pourra peut-être le semer !

Ils se précipitèrent le long de la rive pour atteindre le gué. Hilda sauta sur les pierres à grandes enjambées. Brindille bondissait derrière elle.

Le troll déboula sur la rive, avant de glisser contre la surface humide de la première pierre et de tomber la tête la première dans l'eau.

– Pfiou ! soupira Hilda. Nous sommes enfin tirés d'affaire.

Mais elle avait parlé trop vite. Le troll se redressa, souffla deux puissants jets d'eau par les narines, puis se mit à avancer vers eux en se frayant un chemin entre les tourbillons de la rivière.

CHAPITRE DEUX

– L'eau ne lui arrive qu'à la taille ! s'écria Hilda. Cours, Brindille !

Dans la plaine de la rive ouest, se tenait une nuée de woffs perchés sur un cercle de pierres. Tandis qu'Hilda et Brindille les dépassaient en courant, ils s'envolèrent dans un concert de protestations.

Cernée de tous les côtés par ces boules de peluche jaune, Hilda ne voyait plus où elle se dirigeait.

– Hé ! s'exclama-t-elle. Vous ne voudriez pas voler un peu plus haut... *Aaaaaaaaaaaah !*

Le sol se déroba sous ses pieds. Elle tomba, puis dégringola le long d'une pente abrupte, avant d'atterrir avec fracas.

– Ouille ! souffla-t-elle.

Elle s'épousseta le visage et ouvrit les yeux. Brindille se tenait devant elle, la poussant gentiment du bout de ses bois.

– Aïe ! Tes bois sont pointus, tu sais !

Hilda jeta un œil autour d'elle. Elle était allongée au centre d'un gigantesque cratère tapissé d'herbe couchée, formant un immense trèfle à quatre feuilles.

À bien y regarder, les feuilles ressemblaient plutôt à quatre orteils.

– C'est une empreinte, Brindille, murmura-t-elle. Elle est aussi grande qu'une maison ! Même les géants de la forêt n'ont pas des pieds aussi gros.

Brindille renifla l'herbe. Il se mit à grogner et la fourrure au bas de sa nuque se hérissa.

– Attendons ici que le troll ait disparu, suggéra Hilda. Je peux dessiner cette empreinte pendant ce temps.

Elle farfouilla dans sa sacoche mais le carnet ne s'y trouvait plus. Elle avait dû le faire tomber dans la panique.

Hilda frappa par terre d'un poing rageur.

Elle ne savait pas ce qui la rendait le plus triste : avoir perdu sa carte ou ses croquis du troll ? Probablement les croquis. Les trolls s'aventuraient rarement dans cette plaine. Il pourrait bien se passer plusieurs années avant qu'elle n'en recroise un.

Le soleil se coucha et la lune se leva, ronde et étincelante. Hilda et Brindille firent le tour du cratère jusqu'à trouver un amas de racines sur l'un de ses flancs. Brindille se jucha sur la sacoche d'Hilda et cette dernière se hissa à la surface à la force de ses bras. Elle tendit l'oreille à l'affût d'un tintement de clochette mais n'entendit que le bruissement des woffs et le doux clapotis de la rivière.

– Le troll est parti, conclut-elle. Viens, Brindille, on rentre à la maison.

Ils longèrent la forêt de pins bleus avant de mettre cap vers l'ouest à travers la nature sauvage. Au loin, Hilda apercevait sa maison, une petite forme rouge au pied du mont Bonnet.

Ils dépassèrent l'étang à poissons-chats où Hilda venait nager l'été, et le tronc creux du bleudeboque, idéal pour se construire une cabane. La lumière orangée qui s'échappait des fenêtres de la maison lui indiquait que Maman avait déjà allumé un feu de cheminée. Le dîner serait bientôt servi. Sans doute un ragoût fumant, avec en dessert un grand bol de sorbes.

Ding-ding-ding-ding.

Le sang d'Hilda se glaça. Elle se retourna lentement.

Le troll surgit de l'ombre du bleudeboque. Ses yeux brillaient dans le clair de lune. Sa bouche était tordue en une horrible grimace. Il tendit les griffes vers Hilda.

– Adieu Brindille, ravie de t'avoir connu, murmura-t-elle à son compagnon.

Le troll agita ses bras courtauds et poussa un rugissement puissant. Pourtant, le son semblait plus plaintif que féroce.

– Écoute ça, Brindille, je crois qu'il ne va pas bien.

Soudain, tout s'éclaira. Les yeux du troll brillaient à cause de ses larmes. La grimace de sa bouche était un rictus de douleur. Et ses petits bras cherchaient à atteindre la clochette au bout de son long nez.

Hilda s'avança.

– Qu'est-ce qui ne va pas ? demanda-t-elle. C'est le tintement de la clochette qui te gêne ? Tu as du mal à l'enlever ? Ne t'en fais pas, monsieur le troll, je vais t'aider.

Sans écouter les aboiements paniqués de Brindille, Hilda se précipita pour escalader le corps du monstre. Il était lisse comme de l'argile et sentait le pain rassis. Un instant plus tard, elle était perchée sur son nez et en décrochait la clochette.

– Et voilà, dit-elle en la jetant au sol. Elle ne t'embêtera plus !

Mais tandis qu'Hilda s'agrippait au bras du troll pour redescendre, ce dernier se mit en mouvement. Ses énormes doigts se resserrèrent autour d'elle et sa main large comme un jambon l'approcha de sa bouche béante.

– Non ! implora Hilda. Ne fais pas ça ! Je t'ai aidé. J'étais triste pour toi. Arrête ! Non !

Les dents tranchantes du troll étincelaient sous la lumière de la lune. Sa langue sortit, et aussitôt une horrible haleine enveloppa Hilda.

– AAAAAAAH ! hurla-t-elle en fermant les yeux.

Mais rien ne se passa.

Elle rouvrit les yeux. Au bout de la langue du troll se trouvait un objet familier.

– Mon carnet de croquis ! s'exclama Hilda avant de l'attraper des deux mains. Ô merveilleuse créature ! Merci infiniment ! Je te ferais bien un bisou si tu ne sentais pas si mauvais de la bouche.

Le troll laissa échapper un soupir nauséabond et la reposa délicatement à terre.

– Merci encore ! lança Hilda, tandis que le monstre disparaissait d'un pas lourd dans la pénombre nocturne.

3

– Coucou Maman, je suis rentrée ! s'écria Hilda en passant la porte d'entrée avant de retirer ses bottes rouges.

La chaleur familière de la maison l'entoura instantanément, tandis qu'une divine odeur de gingembre, de noix de muscade et de cumin venait lui chatouiller les narines.

– Hilda !

Maman bondit de derrière son bureau.

– Tu en as mis du temps ! Comment s'est passée ta journée ?

– Dans l'ensemble, c'était plutôt traumatisant, soupira Hilda en la prenant dans ses bras. Mais ainsi va la vie pour une aventurière.

– Le repas est prêt.

Maman disparut dans la cuisine, puis revint avec deux bols de ragoût fumant.

– Est-ce que tu m'as dessiné quelque chose de joli, aujourd'hui ?

Hilda se pencha sur son bol et se mit à engloutir son repas.

– J'ai fait une carte de la vallée.

– Je peux la voir ?

Maman tendit le bras vers le carnet de croquis.

– Berk, il est tout gluant, Hilda. Qu'est-ce que tu as fabriqué ?

Hilda piqua encore plus du nez, en faisant comme si elle n'avait pas entendu la question.

Maman ouvrit le carnet à la page de la carte.

– Le mont Bonnet, lut-elle en pouffant. Oui, j'imagine qu'il ressemble un peu à un bonnet avec son petit pompon. Beau travail, Hilda.

CHAPITRE TROIS

Depuis la cheminée, une voix plaintive s'éleva.

– Les montagnes ont déjà des noms, tu sais. Si tu prenais le temps de te renseigner...

Hilda sursauta et s'étira le cou pour voir qui avait parlé. Devant le feu se trouvait un petit homme de bois avec une tête en forme de noix de coco et de grands yeux tristes.

– Hé ! s'écria Hilda. Qui l'a laissé entrer ici ?

– Il est inoffensif, répliqua Maman. Pour être franche, je n'avais même pas remarqué sa présence.

– C'est bien ce qui m'inquiète.

Hilda leva les bras, excédée.

– Il se pointe toujours ici sans y être invité. C'est malpoli !

– Peut-être qu'il se sent seul.

– Évidemment qu'il se sent seul. Il est trop bizarre.

– C'est vrai qu'il est un peu étrange.

Maman termina son bol de ragoût.

– Mais n'oublie pas que nous devons paraître bien étranges aux créatures magiques qui peuplent la vallée. Tu veux un peu de sorbes ?

– Oui, s'il te plaît.

– De plus, ajouta Maman, le Bonhomme de Bois nous apporte toujours des bûches pour le feu. Il n'est pas malpoli, au contraire, il est bien intentionné. Et comme je dis toujours, la gentillesse est la plus import... HILDA ! QU'EST-CE QUE C'EST QUE ÇA ?

Maman avait tourné une nouvelle page du carnet et contemplait à présent, éberluée, les dessins du troll de pierre.

– Un troll de pierre, répondit Hilda. Je n'en avais jamais vu jusqu'à aujourd'hui. Je n'ai pas pu résister à l'envie d'esquisser quelques portraits.

– QUELQUES ?! PARCE QU'IL Y EN A PLUSIEURS ?

Maman tourna la page suivante, puis celle d'après, et celle d'encore après. Ses narines frémissaient de colère.

– HILDA ! COMMENT AS-TU FAIT POUR DESSINER SES YEUX D'AUSSI PRÈS ?

– Je ne sais pas. Je me suis peut-être assise sur son nez pour ce dessin-là.

– TU T'ES ASSISE SUR LE NEZ D'UN TROLL ? ET SI LE SOLEIL AVAIT DISPARU ENTRE TEMPS ? ET SI UN GROS NUAGE L'AVAIT RECOUVERT ?

Hilda ouvrit la bouche pour répondre… avant de la refermer. Parfois, il valait mieux garder le silence.

– JE VAIS TE DIRE EXACTEMENT CE QUI SE SERAIT PASSÉ, JEUNE FILLE. SI CE TROLL S'ÉTAIT RÉVEILLÉ,

IL T'AURAIT AVALÉE D'UNE BOUCHÉE, COMME ÇA.

Maman renversa la tête en arrière et laissa tomber une sorbe dans sa bouche.

– MIAM MIAM, DÉLICIEUX. C'EST LA PETITE FILLE LA PLUS GOÛTUE QUE J'AIE MANGÉE CETTE ANNÉE. MIAM MIAM MIAM MIAM...

Toc toc.

– J'y vais ! s'exclama Hilda.

Elle courut ouvrir. Une minuscule enveloppe reposait sur le seuil de la porte.

– Oh non, gémit Hilda. C'est la sixième cette semaine.

Elle alla chercher une loupe dans le tiroir du bureau de Maman et décacheta l'enveloppe.

– *Aux Occupants*, lut-elle à voix haute. *Au nom du peuple caché des Comtés elfiques du Nord, nous exigeons votre départ immédiat de ces lieux. En cas de non-respect de cette injonction, nous nous verrons dans l'obligation de procéder à une expulsion de force, suivie de l'oblitération des lieux susmentionnés.*

Hilda fronça les sourcils.

– Ça veut dire quoi « oblitération », Maman ?

– Cela signifie « destruction totale ». Pour simplifier, si nous ne déménageons pas d'ici, ils nous mettront à la porte et ils démoliront notre maison.

– Ha ! s'exclama Hilda. J'aimerais bien voir ça.

– Bien répondu, dit Maman, même si elle paraissait soucieuse.

Elles passèrent le reste de la soirée sur le canapé devant le feu de cheminée. Elles firent griller des marshmallows et jouèrent au jeu préféré d'Hilda, Panique Dragon. Brindille somnolait tranquillement aux pieds de sa maîtresse.

BLING !

Un caillou vola à travers la fenêtre avant de rebondir sur la tête de Brindille et d'atterrir au milieu du tapis. Le renard-cerf leva le museau et cligna des yeux, surpris.

Hilda se précipita pour ouvrir grand la porte.

– DITES DONC, VOUS AUTRES ! hurla-t-elle de toutes ses forces. VOUS TROUVEZ ÇA DRÔLE DE JETER

DES PIERRES SUR LES FENÊTRES DES GENS ? PARCE QUE ÇA NE L'EST PAS ! C'EST MÊME TRÈS MALPOLI ! ALLEZ-VOUS-EN ET RÉFLÉCHISSEZ UN PEU À CE QUE VOUS VENEZ DE FAIRE ! ENSUITE, VOUS PRENDREZ LE TRAIN POUR TROLLBOURG ET VOUS NOUS RACHÈTEREZ UN NOUVEAU CARREAU !

Le vent souffla. La pluie se mit à tomber. Hilda claqua la porte et retourna sur le canapé à côté de Maman.

BLING ! BANG ! CRAC !

Des dizaines de cailloux firent éclater les fenêtres et s'abattirent sur elles comme des grêlons.

– Mets-toi à l'abri ! cria Maman.

4

Hilda plongea sous un fauteuil. Maman trouva refuge sous le canapé. Brindille bondit sur la table basse où traînait encore le plateau de Panique Dragon et se mit à grogner.

– À l'attention des résidents ! tonna une voix sévère. Après vous avoir dûment avertis et offert la possibilité de coopérer, au nom du peuple caché des Comtés elfiques du Nord, nous allons maintenant procéder à votre expulsion des lieux.

– Oh non, souffla Hilda. C'est le moment où ils nous mettent à la porte et où ils démolissent la maison, c'est ça ?

Tandis qu'elle contemplait les vitres éclatées, un vase posé sur un rebord de fenêtre attira son attention. À travers le verre bombé, elle aperçut une minuscule silhouette coiffée d'un minuscule chapeau.

– Regarde un peu par ici, Maman, murmura-t-elle. Cette ombre !

Mais avant que sa mère ne puisse voir quoi que ce soit, le vase oscilla, vacilla et tomba.

– Mon vase préféré ! s'écria-t-elle.

CHAPITRE QUATRE

Le sachet à moitié plein de marshmallows se souleva et atterrit dans le feu.

– Hé ! protesta Hilda. On n'avait pas fini de les manger !

Les envahisseurs invisibles ignorèrent leurs plaintes et entreprirent de détruire chaque cadre, chaque bibelot, chaque assiette et chaque bol. Ils déchirèrent les livres, renversèrent les boîtes de jeux de société de leurs étagères et firent dégringoler la télévision.

Puis ils reportèrent leur attention sur Hilda et Maman.

– Argh ! hurla Hilda. Ils me grimpent dessus ! Je les sens, on dirait des fourmis !

– On fiche le camp !

Maman avait raison. La seule chose à faire était de s'enfuir de la maison pour rejoindre les montagnes, sans regarder en arrière.

Tandis qu'Hilda rampait de sous le fauteuil pour se précipiter en direction de la porte, les nuisibles invisibles laissèrent échapper un petit cri de victoire.

Hilda s'arrêta net et fit volte-face.

– AH VRAIMENT ? tonna-t-elle. VOUS CROYEZ AVOIR GAGNÉ, HEIN ? VOUS ALLEZ VOIR CE QUE VOUS ALLEZ VOIR !

Elle fonça vers le placard de l'entrée pour en extraire un énorme balai.

– ÉCOUTEZ-MOI BIEN, BANDE DE VILAINS POIS CHICHES ! AU NOM DES HUMAINS DE CETTE MAISON, JE VAIS IMMÉDIATEMENT PROCÉDER À VOTRE EXPULSION DE CHEZ MOI !

Emportée par une colère noire, Hilda se rua à travers le salon et la cuisine en poussant le balai devant elle. Des nuages de poussière s'élevèrent en même temps que de petits hurlements de panique.

Hiiii ! Arg ! Ooooh ! Aaaah !

– Sortez ! ordonna Hilda, en balayant de plus en plus frénétiquement. Ouste ! Ouste ! Ouste ! Ouste ! Ouste ! Dehors ! Dehors ! Dehors !

Elle chassa les créatures invisibles jusqu'au seuil de la maison.

– ET RESTEZ-Y ! rugit-elle en claquant la porte.

Elle se retourna, la respiration saccadée. Maman se tenait devant la table à manger, bouche bée.

– C'était génial, dit-elle. Et un peu effrayant aussi.

Hilda sentit ses genoux se dérober.

– Il faut que je m'asseye, murmura-t-elle.

Maman lui apporta une chaise.

– Je vais nous préparer du chocolat chaud.

– J'en prendrais bien un aussi, tant que vous y êtes, réclama une voix triste.

Hilda se tourna en direction du son. Dans le coin opposé de la pièce, le Bonhomme de Bois était plongé dans un livre sur les géants.

– Toi ! s'écria Hilda. Tu es toujours là ?

– J'essayais de lire, répondit le Bonhomme de Bois, mais tu étais drôlement bruyante.

– Tu aurais pu nous donner un coup de main, remarqua Hilda. Après tout, tu fais pratiquement partie de la famille, maintenant.

– Oh que non, répliqua-t-il avant de repiquer du nez dans sa lecture.

Tandis qu'Hilda et le Bonhomme de Bois savouraient leur chocolat chaud, Maman balaya les bris de verre.

– On ne peut pas rester ici, finit-elle par dire. Cela va devenir invivable. Il faut qu'on déménage.

Hilda fronça les sourcils.

– Mais il n'y a pas d'autres maisons dans la vallée.

– Je pensais aller à Trollbourg.

– Non ! protesta Hilda. Nous avons toujours vécu dans la nature. J'adore cet endroit.

– On ne peut pas rester si nous sommes perpétuellement attaquées, Hilda.

– Je sais, mais...

– Mais rien du tout, répliqua Maman. Finis ton chocolat et va te coucher. Nous en reparlerons demain.

Hilda posa sa tasse, saisit un crayon à moitié cassé, puis déchira une page de son carnet.

CHÈRES PETITES PERSONNES INVISIBLES QUI AVEZ DÉMOLI MA MAISON, POURQUOI ÊTES-VOUS EN COLÈRE APRÈS MA MÈRE ET MOI? MERCI DE ME LE DIRE, POUR QUE JE TROUVE UNE SOLUTION ET QUE NOUS PUISSIONS TOUS VIVRE EN PAIX.

DE LA PART D'HILDA.

Elle glissa son mot dans une enveloppe, la déposa sur le seuil et monta dans sa chambre.

Les aventurières ne pleurent pas, se dit Hilda tandis qu'elle s'emmitouflait dans les couvertures. Mais pas facile d'être une aventurière en toutes circonstances. Parfois, il fallait savoir faire une pause.

5

– Psssst ! Hilda !

Hilda se réveilla en sursaut et alluma sa lampe de chevet.

– Qui va là ? demanda-t-elle.

– Je fais partie du petit peuple qui a mis le bazar chez toi.

Hilda sentit son cœur s'emballer. Elle bondit hors du lit et leva l'oreiller par-dessus sa tête.

– Sors d'ici ! rugit-elle.

– Je n'ai rien cassé personnellement, poursuivit la petite voix. Je suis plus poète que bagarreur.

– Tu as lu mon message ?

– Oui. Je veux être ami avec toi.

Hilda se demanda si elle n'était pas en train de rêver. La toute petite voix semblait provenir de sa tête. Elle se fourra un doigt dans l'oreille pour la déboucher.

– Pas de geste brusque ! s'écria son interlocuteur. Je suis assis dans ton oreille. Si tu veux bien examiner ton bureau, tu y trouveras tous les formulaires nécessaires.

– Quels formulaires ?

– Ceux qui te permettront de me voir.

Hilda inspecta le capharnaüm de son bureau : carnets de croquis, crayons, stylos de couleur, ruban adhésif, gommes en forme d'animaux et, tout au bord, une pile impressionnante de feuilles minuscules.

– J'ai rempli l'essentiel, reprit la voix. Tu dois simplement signer la première page.

Hilda tailla un crayon et apposa sa signature en bas, sur les pointillés.

– Parfait. Désormais, ta maison m'appartient officiellement.

– QUOI ?

– Je plaisante, s'empressa d'ajouter la voix. Mais tu ne devrais jamais signer quoi que ce soit sans l'avoir lu en entier au préalable, tu sais. Heureusement pour toi, je suis un elfe extrêmement honnête. Au fait, tu peux me voir à présent.

Hilda se plaça devant son miroir et regarda de plus près son oreille droite. Perché à l'entrée se trouvait un elfe riquiqui coiffé d'un chapeau pointu rouge.

– Je m'appelle Alfur, dit-il avec un grand sourire.

– Je vois, répondit Hilda en souriant à son tour. Maintenant qu'on est amis, Alfur, tu pourrais me rendre un tout petit service ?

– Quoi donc ?

– VA DIRE À TON PEUPLE D'ARRÊTER DE NOUS ENVOYER CES HORRIBLES LETTRES ET DE JETER DES CAILLOUX À NOS FENÊTRES, DE CASSER NOS VASES, DE DÉCHIRER NOS LIVRES, DE CRAMER NOS MARSHMALLOWS ET D'OTIBLÉRER… D'OBLIVÉRER… BLVIÉRI… ENFIN BREF DE BRISER TOUT CE QU'ON A ET DE GÂCHER NOTRE PARTIE DE PANIQUE

DRAGON, QUE J'ALLAIS GAGNER D'AILLEURS, SI VOUS N'AVIEZ PAS FAIT VALDINGUER TOUTES LES PIÈCES DU PLATEAU !

– Désolé, s'excusa Alfur. Mais la situation est compliquée, tu sais.

– Pas du tout.

– Je t'assure que si, insista l'elfe. Regarde par la fenêtre.

Hilda tira les rideaux et scruta la nature éclairée par la lune. Elle n'en crut pas ses yeux. Des maisons miniatures s'étendaient à perte de vue.

– Pas possible ! s'écria-t-elle.

Elle dévala les escaliers et ouvrit grand la porte d'entrée sans même prendre le temps d'enfiler ses bottes.

Les maisons d'elfes étaient regroupées en amas, pour certains répartis dans l'herbe et pour d'autres sur les rochers. On distinguait un hameau près du bleudeboque et un second au bord de l'étang à poissons-chats. Le plus grand de tous s'étalait juste devant la maison d'Hilda.

Brindille la suivit dehors en agitant sa queue. Le renard-cerf ne pouvait voir les maisons et se demandait probablement ce qui se passait.

– C'est incroyable.

Hilda s'agenouilla pour mieux observer les toits et les cheminées miniatures ainsi que les portes et les fenêtres.

– On dirait vraiment des maisons de poupées.

– Elles n'ont rien à voir avec des maisons de poupées, s'indigna Alfur, vexé.

Hilda écarquilla les yeux tandis que la patte arrière de Brindille passait au travers d'une maison comme si elle n'était pas là.

– Incroyable, répéta-t-elle.

La plupart des maisons étaient plongées dans le noir, mais Hilda en avisa une dont l'intérieur était encore éclairé. Elle la souleva et regarda par la fenêtre. Un elfe assis confortablement dans son fauteuil buvait son thé lorsqu'il aperçut l'œil gigantesque d'Hilda. Il en recracha sa boisson et tomba à la renverse.

– Tu veux bien arrêter ? rouspéta Alfur. Ce n'est pas avec ce genre de comportement que tu vas t'attirer les bonnes grâces des elfes.

– Et leur comportement à eux, alors ? répliqua Hilda en reposant violemment la maison dans l'herbe. Les marshmallows, le vase, la télé ! Tu as déjà oublié ?

– C'est à cause de notre nouveau Premier ministre, dit Alfur. Il a promis de se débarrasser de toi s'il était élu et maintenant qu'il l'est, eh bien… euh… tu vois.

– Mais c'est injuste ! Mon arrière-grand-père a construit cette maison il y a cent ans. Nous avons autant le droit de vivre ici que vous !

– Ne me crie pas dessus ! cria Alfur. Je suis d'accord avec toi.

– Emmène-moi voir ce Premier ministre, dit Hilda. Il faut que je règle cette affaire au plus vite, sinon Maman nous fera déménager à Trollbourg.

Alfur éclata de rire.

– Je ne peux pas t'obtenir une audience avec le Premier ministre des elfes. Je ne saurais même pas comment m'y prendre. Je ne suis personne.

Hilda réfléchit intensément.

– Et le chef de cette ville-là, alors ? demanda-t-elle en pointant du doigt les maisons à ses pieds.

– Le maire ?

Alfur prit un air songeur.

– J'imagine que je pourrais te présenter au maire.

– Parfait, répondit Hilda. Allons-y tout de suite.

– Mais oui, faisons ça. Après tout, les maires des elfes adorent être réveillés au beau milieu de la nuit par des filles géantes aux cheveux bleus. C'est du sarcasme, au cas où tu n'aurais pas remarqué.

– Très juste, concéda Hilda. Dans ce cas, demain.

– Demain, oui, conclut Alfur.

Il descendit de son oreille et disparut dans l'herbe.

Hilda s'assit sur le pas de la porte et se prit la tête entre les mains. Elle avait toujours adoré vivre en pleine nature, sans aucune autre maison à proximité. Quel choc de découvrir qu'elle avait des voisins dans la vallée, et même des villes entières juste sous ses fenêtres.

La grande pendule de l'entrée sonna minuit. Hilda frissonna. L'air nocturne était frais et ses chaussettes, complètement trempées. Elle était sur le point de se lever pour rentrer quand une ombre éclipsa brièvement le clair de lune.

Hilda leva les yeux et laissa échapper un cri.

Une silhouette colossale la surplombait. Elle dépassait sa maison, le bleudeboque et même le mont Bonnet. Elle était si gigantesque qu'Hilda avait le vertige rien qu'à la regarder.

La forme noire posa ses yeux sur elle. Ils étincelaient tristement comme deux étoiles jumelles.

– Maman, croassa Hilda. Viens voir !

Elle voulait hurler mais sa gorge étranglait chaque son. Quand elle retrouva enfin la parole, le géant avait disparu.

« Oh pétard, songea Hilda tandis qu'elle rentrait dans la maison. Maman ne va pas apprécier ».

6

Le lendemain matin, tout en tartinant du beurre de cacahuètes sur sa tranche de pain, Hilda n'arrêtait pas de parler.

– Maman, j'ai vu quelque chose d'étrange, hier. D'ailleurs, je ne l'ai pas seulement vu : je suis tombée dedans. Il y avait une empreinte gigantesque au bord de la rivière. Au début, j'ai cru que c'était une trace de pas de géant de la forêt, mais après je me suis rendu compte qu'elle était dix fois trop grande. Peut-être même vingt fois trop grande !

– Je crois que tu as assez de beurre de cacahuètes sur ta tartine comme ça, remarqua Maman.

– J'ai pensé : « Non c'est impossible, des géants de cette taille-là, ça n'existe pas. » Mais devine quoi ? Je l'ai vu hier soir, juste après avoir dit au revoir à Alfur.

– Et maintenant il y a trop de beurre. Remets-en dans le pot.

– Je t'ai parlé d'Alfur ? Je ne crois pas. C'est un petit bonhomme. Il va m'aider à régler notre problème avec les elfes.

Maman hocha la tête.

– Je ne suis pas étonnée que tu aies fait des rêves bizarres hier soir, après tout ce qui s'est passé.

– Ce n'était pas un rêve, Maman. C'est vraiment arrivé !

– Allez, mange au lieu de discuter.

Hilda poussa un soupir et mordit dans sa tartine.

Après le petit déjeuner, elle prépara sa sacoche d'aventurière pour sortir.

– Ta maman n'est pas très maligne, hein ? dit une voix dans son oreille.

– Si, elle l'est ! répliqua Hilda d'un ton cassant. Ma mère est graphiste. Elle a des centaines de super idées d'illustrations et de mises en page. Pour des magazines, des emballages… plein de trucs. Sache qu'elle ne pourrait pas faire ce travail si elle n'était pas EXTRÊMEMENT intelligente. Et peut-être qu'elle avait raison. Il est possible que j'aie rêvé, la nuit dernière.

– Je ne pense pas, dit Alfur. Jette un œil dehors.

Hilda ouvrit la porte d'entrée. La ville elfique était toujours là, pareille à une magnifique mosaïque de toits rouges et jaunes.

– Le maire t'attend, reprit Alfur. Tourne un peu à gauche et fais douze pas en avant.

Hilda et Brindille louvoyèrent prudemment entre les maisons, en prenant soin de ne pas marcher dessus.

– Très bien. Maintenant penche-toi, tu devrais voir un rochet plat avec un énorme bâtiment. C'est la mairie.

Hilda s'agenouilla.

– Je ne vois rien d'énorme, juste un minuscule bâtiment un peu plus gros que les autres.

– Chut, souffla Alfur. Le maire va t'entendre.

Hilda plissa les yeux pour mieux observer le perron de la mairie. En haut des marches se tenait un elfe joufflu et visiblement contrarié, coiffé d'un chapeau haut-de-forme noir.

Alfur quitta d'un bond l'oreille d'Hilda et se laissa glisser le long d'une colonne de marbre jusqu'à lui.

– Honorable maire, dit-il en faisant une révérence, j'ai le plaisir de vous présenter…

– Je sais qui c'est, l'interrompit le maire. C'est la Géante ! La Menace ! Et nous en avons assez de son occupation cruelle de notre ville centenaire. N'est-ce pas, Angelina ? Oh que oui ! Oh que oui !

Hilda se demanda qui pouvait bien être cette Angelina. Puis elle remarqua la grosse chatte marron que le maire portait dans ses bras. La pauvre tentait désespérément de sauter pour lui échapper, mais plus elle gigotait et plus il la câlinait.

– Je ne suis pas une menace, se défendit Hilda. Jusqu'à hier, je ne savais même pas que vous existiez.

– Quelle ignorance, persifla le maire.

– Vous êtes INVISIBLES ! s'écria Hilda.

– Arrête de hurler. Angelina est enceinte et je ne veux pas qu'elle soit stressée. Pas vrai, Angelina? Mais oui, mais oui. Tu es bien trop précieuse. Alfur, peux-tu aller chercher son panier? Elle ne m'a pas l'air à son aise.

– Certainement, monsieur le maire.

Alfur partit précipitamment.

Hilda essaya à nouveau de raisonner avec le maire.

– Pourquoi voulez-vous nous expulser? Ne pouvons-nous pas vivre paisiblement, en bons voisins?

Le maire lui décocha un regard noir.

– Inutile d'en discuter, dit-il. Le projet d'expulsion a déjà été établi. Nous avons envoyé des lettres. Nous avons rempli des formulaires.

– Remplissez-en de nouveaux, dans ce cas! répliqua Hilda en se penchant au point de recouvrir les marches du perron avec ses cheveux. Remplissez de nouveaux formulaires qui disent que nous ne sommes pas obligés de déménager.

– CE N'EST PAS SI SIMPLE !

Le maire posa Angelina à terre et secoua son petit point serré en direction d'Hilda.

– JE NE PEUX PAS INVENTER DE NOUVEAUX FORMULAIRES SIMPLEMENT PARCE QUE L'ENVIE M'EN PREND !

– Mais c'est vous, le maire !

– PRÉCISÉMENT !

Les joues molles de l'elfe se gonflaient et se dégonflaient tandis qu'il s'efforçait de se maîtriser.

– Je ne suis que le maire, et le Premier ministre est le Premier ministre. L'expulsion est son idée, pas la mienne. Ce n'est plus entre mes mains…

Il contempla ses deux petits bras en forme de bâtons.

– … et je n'ai même pas de mains !

Hilda fronça les sourcils.

– Dans ce cas, j'irai parler au Premier ministre. Où est-ce que je peux le trouver ?

– Je ne te le dirai pas. C'est une information confidentielle.

Hilda se redressa de toute sa taille.

– Ah oui ?

– Oui.

Alfur sortit de la mairie avec le panier à chat.

– Où est Angelina ? demanda-t-il.

Le maire regarda à droite. Puis à gauche. Il tourna sur lui-même, siffla, minauda et fit des bruits de bisous ridicules. Puis il fixa Hilda d'un air accusateur.

– Où est ma minette ?

– Je ne vous le dirai pas. C'est une information confidentielle, répliqua Hilda, narquoise.

– DIS-LE-MOI ! glapit le maire.

– D'accord. Elle est dans mes cheveux. Elle s'y est réfugiée au moment où vous avez refusé de me dire où se trouvait le Premier ministre.

– RENDS-LA-MOI !

– Je ne sais pas trop. Elle a l'air gentille et sage. Je vais peut-être la laisser vivre dans mes cheveux pour toujours.

– PITIÉ !

Le maire se jeta à genoux et fit tomber son haut-de-forme, dévoilant son petit crâne chauve.

– JE T'EN SUPPLIE.

Hilda croisa les bras.

– Où est le Premier ministre ?

Le maire secoua la tête.

– JE NE TE LE DIRAI JAMAIS, dit-il en sanglotant. TU M'ENTENDS, PETITE FILLE GÉANTE ? JAMAIS JAMAIS JAMAIS JAMAIS JAMAIS… Bon d'accord, je vais te le dire. Le quartier général du Premier ministre se trouve dans les Grottes de Kismet, derrière la Grande Cascade.

– Merci ! Ce n'était pas si difficile, hein ?

Hilda passa une main dans ses cheveux, en retira la chatte – qui semblait curieusement bien plus maigre qu'avant – et la déposa dans son panier.

– Au revoir, monsieur le maire.

Elle pivota sur ses talons et commença à s'éloigner.

– Attends-moi !

Alfur dévala les marches du perron et sauta sur le pull d'Hilda.

– J'aimerais juste dire que c'était la chose la plus vilaine à laquelle j'aie jamais assistée. Tu n'es qu'une grosse peste.

Ces mots blessèrent Hilda. Personne ne l'avait jamais traitée ainsi jusqu'alors. Ni de grosse. Ni de peste.

– Ce n'est pas vrai ! protesta-t-elle. Si j'ai agi ainsi, c'est parce que…

– Parce que quoi ?

– Parce que j'ai peur, d'accord ? Je suis née ici. Je n'ai rien connu d'autre que cette vallée. Je préférerais mourir plutôt que de déménager à Trollbourg !

Alfur grimpa sur son épaule, sauta pour s'agripper à son lobe et se hissa à l'intérieur de son oreille.

– Ravi de te l'entendre dire, marmonna-t-il, parce que d'après ce que je sais des Grottes de Kismet, c'est précisément le sort qui t'attend.

7

Après une tasse de thé réconfortante, Hilda repartit à l'aventure en compagnie d'Alfur pour se rendre aux Grottes de Kismet.

Ils passèrent le bleudeboque et l'étang à poissons-chats, puis traversèrent la nature sauvage en direction de la rivière.

– Qu'est-ce que tu sais des Grottes de Kismet ? demanda Hilda.

– Elles sont extrêmement difficiles à atteindre. J'ignorais que le Premier ministre y avait installé son QG, mais ce n'est pas étonnant. On dit que c'est l'endroit le plus sûr de tous les Comtés elfiques du Nord.

Ils franchirent la rivière au gué puis mirent le cap vers le sud-est, le long de la forêt de pins bleus. Brindille vadrouillait entre les arbres.

– Quand j'étais petit, reprit Alfur, ma grand-mère me récitait un poème à propos des Grottes de Kismet. Au fait, je sais que je suis toujours petit, pas besoin de faire la remarque.

– Tu te souviens du poème ?

Alfur adopta un ton grave et solennel et se mit à déclamer :

« Tu souhaites pénétrer les Grottes de Kismet ?
Il te faudra subir trois terribles tests :
Celui du Courage, celui de l'Adresse,
Enfin celui du Cerveau le plus malin.
Gare à l'échec
Car tu mourras, c'est certain ! »

CHAPITRE SEPT

– Ça devait être une marrante, ta grand-mère, marmonna Hilda.

– C'était une femme merveilleuse, répliqua Alfur. Tourne à gauche ici.

Un sentier étroit menait à une pente raide entre les arbres. Il était encombré de branches de pins bleus qu'Hilda devait repousser des deux mains. Tous les trois pas, son visage traversait une toile d'araignée, ce qui la faisait grimacer de dégoût.

Hilda ne s'était encore jamais rendue à la Grande Cascade. Elle se sentait de plus en plus nerveuse à mesure qu'elle s'en approchait.

– Alfur, souffla-t-elle. Les tests dont tu as parlé… Tu es sûr qu'il n'y a pas plutôt une épreuve de dessin de caillou ? Ou de fabrication de pain perdu ? Ou de Panique Dragon ?

– Mamie ne l'a pas mentionné, répondit Alfur. Mais on ne sait jamais, ajouta-t-il gentiment.

Alors qu'ils émergeaient de la forêt pour déboucher sur un flanc de colline battu par les vents, une petite boule de fourrure fendit l'air et vint s'écraser contre Hilda. Le souffle coupé, elle tomba à la renverse.

Elle se redressa, se demandant ce qui venait de la heurter. Un lapin couleur noisette reposait dans l'herbe à côté d'elle et l'observait de ses grands yeux hébétés.

– Ooh regarde, Alfur, dit-elle. C'est un petit lapin trop mignon.

– Ce n'est pas un simple lapin.

– Bonjour, Lapinou. Tu vas bien ? demanda Hilda.

– Ce n'est pas un simple lapin, répéta Alfur.

– Tu as fait une sacrée culbute, pas vrai, Lapinou ? Laisse-moi t'aider.

– Ce n'est pas un simple lapin, insista Alfur.

– Alors c'est quoi, selon toi ? finit par demander Hilda.

– Je dirais que c'est une monture de la Cavalerie légère. Je te suggère de jeter un coup d'œil à gauche.

Hilda regarda au sommet de la colline et laissa échapper un cri. Une horde de lapins chargeait à toute vitesse dans sa direction, grognant et soulevant des mottes de terre et de mousse dans un grondement de tonnerre. Certains d'entre eux étaient montés par des elfes en armure complète.

– La Cavalerie légère est la brigade privée du Premier ministre, expliqua Alfur. Elle va au combat en chevauchant ces bêtes sauvages.

– Taïaut ! hurla le commandant des elfes à la pointe du fer de lance. Lancez la manœuvre d'attaque anti fille géante !

Hilda remarqua que bon nombre d'elfes faisaient tournoyer des frondes au-dessus de leur tête.

– Feu à volonté ! rugit le commandant.

Un minuscule caillou siffla aux oreilles d'Hilda, puis un autre, et encore un autre.

– Il serait peut-être temps de s'enfuir, suggéra Alfur.

Hilda serra les dents.

– Pas question de faire demi-tour, répondit-elle. Je vais me rendre aux Grottes de Kismet. Je vais sauver ma maison, peu importe ce qu'il m'en coûte.

– Prépare-toi à passer à la caisse, grommela Alfur.

Hilda s'accroupit et se protégea le visage à l'aide de son bras. Les cailloux arrivaient sur elle de tous les côtés – de la gauche, de la droite, de l'arrière.

Le premier rang de lapins était pratiquement sur elle. Elle se jeta à terre et se mit à rouler pour éviter d'être piétinée, mais le reste de la cavalerie lui fonça en plein dans le ventre, lui coupant le souffle. L'instant d'après, elle était cernée par une centaine de petites créatures à grandes dents qui la chargeaient impitoyablement.

– Laissez-moi tranquille ! haleta Hilda. Laissez-moi !

D'un buisson tout proche, un éclair de fourrure blanche bondit pour atterrir au beau milieu de la mêlée en grognant férocement.

– Brindille ! s'écria Hilda.

Même six cents lapinous n'étaient pas de taille face à un renard-cerf en furie. Ils décampèrent, effrayés, désarçonnant leurs cavaliers dans la précipitation.

– Battez en retraite ! ordonna le commandant tandis qu'il atterrissait les fesses dans l'herbe. Lancez la manœuvre d'évasion anti fille géante !

Les lapins dévalèrent la colline, les elfes abasourdis sur leurs talons. La Cavalerie légère disparut entre les arbres aussi subitement qu'elle était apparue.

– Merci, Brindille ! se réjouit Hilda. Tu es l'ami le plus courageux et le plus loyal dont puisse rêver une aventurière !

– Tu n'as pas démérité non plus, murmura Alfur. D'ailleurs, je crois bien que tu viens de réussir le test du Courage.

8

Hilda, Alfur et Brindille arpentèrent le chemin venteux qui menait aux Grottes de Kismet. La piste s'arrêtait sur un plateau rocheux au bord de la cascade. Des milliers de litres d'eau tombaient à pic dans un fjord en contrebas.

– Et maintenant ? demanda Hilda.

– Le chemin continue tout droit devant toi, répondit Alfur. Regarde, il passe le long de la roche et derrière la cascade.

Hilda tourna la tête et vit une corniche étroite d'à peine quelques centimètres de large.

– Ce n'est pas un chemin, ça, dit-elle.

– C'est un chemin d'elfe, répliqua Alfur. Je peux facilement l'emprunter.

– Parce que tes pieds sont cent fois plus petits que les miens. Sérieusement, Alfur, comment suis-je censée marcher le long de ce rebord ?

– Il n'y a pas de honte à échouer. Si on fait demi-tour dès maintenant, on sera rentrés pour l'heure du déjeuner.

– Hors de question. Je tiens à voir ce Premier ministre des elfes.

– D'acc-ooord, soupira Alfur. Dans ce cas, tu veux bien me poser ? Je préférerais ne pas me trouver dans ton oreille quand tu tomberas de la corniche avant de t'écraser sur les rochers quelques centaines de mètres elfiques plus bas.

– Très bien.

Hilda porta sa main en creux à son oreille et déposa délicatement l'elfe au sol.

– Je pars en premier et tu me suis, Alfur. Brindille, tu restes ici et tu fais le guet.

Hilda se débarrassa de sa sacoche puis retira ses bottes et ses chaussettes. Elle prit une profonde inspiration et s'avança sur le rebord. Lissée par des siècles de chute d'eau, la roche était froide et glissante sous ses pieds nus. Elle se tenait sur la pointe des orteils, le corps plaqué contre la paroi, et se mit à se déplacer lentement, en s'efforçant de ne pas regarder en bas.

Brindille la suivait de près en levant l'un après l'autre ses sabots graciles pour les poser prudemment sur la corniche. Depuis qu'Hilda connaissait Brindille, il n'avait jamais obéi une seule fois à l'ordre de rester en place. Après tout, c'était son ami et non un simple animal de compagnie.

Alfur fermait la marche en secouant la tête.

– Tu vas glisser ! s'exclama-t-il.

– Mais non ! répliqua Hilda.

– Mais si ! hurla Alfur.

– Mais non, répéta Hilda en serrant les dents. Je ne vais pas glisser, je ne vais pas tomber, c'est clair ?!

Elle ponctua ses mots d'un mouvement de menton crâneur… et tomba !

Alfur poussa un cri. Brindille aboya. Les ongles d'Hilda griffèrent désespérément la roche lisse. Tandis qu'elle glissait le long de la paroi, elle jeta ses bras en avant dans un dernier espoir et parvint à attraper une touffe de plantes.

Les racines protestèrent sous le poids d'Hilda. Les jambes battant dans le vide, elle réussit à se hisser du bout des doigts sur le plateau, avant de se mettre hors de danger sur un solide rocher.

Brindille et Alfur firent demi-tour le long de la corniche et coururent à sa rencontre. Brindille la réconforta en la touchant du bout de ses bois tandis qu'elle tremblait comme une feuille. Alfur lui décocha un regard lourd de sens, comme pour signifier : *Je te l'avais bien dit.*

Assise sur le plateau, Hilda contempla la masse d'eau qui plongeait devant elle.

– C'est impossible, s'écria-elle. Ce rebord est aussi glissant que du verre.

– Tu es en état de choc, observa Alfur. Tu devrais manger quelque chose.

Hilda farfouilla dans sa sacoche à la recherche d'un sandwich au concombre. Sa main effleura quelque chose de sec et collant.

– Berk ! s'exclama-t-elle. Qu'est-ce que c'est ?

C'était son carnet de croquis. Elle n'avait pas eu le temps de le nettoyer depuis l'aventure de la veille, et la bave de troll avait rendu la couverture toute gluante.

Hilda eut une idée. Elle sortit le bloc et entreprit d'étaler la salive collante sur ses mains, ses genoux et ses orteils.

– C'est quoi, ce truc ? demanda Alfur.

– Tu ne veux pas savoir, lui assura Hilda.

Quand elle eut fini, elle se releva, inspira profondément et s'avança à nouveau sur le rebord glissant. En plaquant les genoux, la poitrine et le front contre la paroi, elle se déplaça en crabe du bout des orteils.

– Tu t'en sors très bien ! l'encouragea Alfur, qui bondit d'un coup pour aller s'installer dans son oreille. Tu n'es plus très loin, maintenant.

Hilda sentait son ventre se tordre de peur et ses orteils souffrir sous son poids. Mais la corniche s'élargissait à présent et elle put peu après placer ses deux pieds en entier sur la roche pour progresser plus confortablement. Elle finit par atteindre un large rocher plat de l'autre côté du rideau d'eau. Elle pouvait distinguer deux entrées de grottes sombres.

Brindille vint la rejoindre.

– Les Grottes de Kismet ! lui cria Alfur dans l'oreille. Tu as réussi ! Tu as passé le test d'Adresse !

– En effet ! confirma une autre voix. Mais à présent, elle doit se confronter à l'épreuve du Cerveau le plus malin et à voir sa tête, je doute qu'elle ait la moindre chance.

– Hé ! s'indigna Hilda. Je vous entends, je vous signale.

Elle baissa les yeux et découvrit un elfe habillé en bouffon. Il portait de longs chaussons recourbés et un tricorne orné de clochettes.

– Voici deux grottes, dit l'elfe. Une à ta gauche, l'autre à ta droite. Le Premier ministre se trouve dans l'une des deux, la seconde abrite un troll mangeur d'hommes. Fais ton choix et affronte ton destin.

Hilda dévisagea le bouffon avant d'étudier les deux entrées.

– Je ne crois pas qu'un troll se cache ici, dit-elle. Que pourrait-il bien manger, la plupart du temps ?

– Parfois un woff s'égare dans la grotte. Mais pour l'essentiel, il se nourrit de voyageurs ayant fait le mauvais choix.

– Et pourquoi est-ce qu'il t'aurait épargné ?

Le bouffon esquissa un grand sourire et pointa du doigt les clochettes de son chapeau.

– D'accord, je te crois maintenant, dit Hilda.

– Deux esprits d'eau gardent les entrées, reprit le bouffon. L'un celle de gauche, l'autre celle de droite. Pour t'aider dans ton choix, tu peux poser UNE question à UN esprit.

– Facile, répondit Hilda. Je vais simplement demander dans quelle grotte se trouve le Premier ministre.

– Pas si vite. Tu dois savoir une seconde chose.

L'un des esprits dit toujours la vérité. L'autre ment systématiquement.

Le rideau d'eau derrière Hilda bouillonna de part et d'autre d'elle et deux paires d'yeux s'y dessinèrent. Brindille grogna et recula.

– Les esprits sont parfaitement identiques, fit remarquer Hilda. Comment savoir lequel ment ?

– C'est impossible ! gloussa le bouffon. J'adore ce boulot ! Bon, trêve de blabla. Pose ta question et fais ton choix.

9

Brindille grogna. Alfur poussa un soupir. Hilda se gratta la tête.

– Je sais, finit-elle par dire. Je vais demander à l'un des esprits de quelle couleur sont mes cheveux. S'il répond «bleus», je saurai qu'il s'agit de celui qui dit la vérité. S'il dit quoi que ce soit d'autre, c'est forcément le menteur.

– Et alors? objecta Alfur. Tu ne sauras toujours pas dans quelle grotte se trouve le Premier ministre et tu auras gaspillé ta seule question.

Hilda grogna de frustration.

– J'ai le cerveau qui chauffe. Tu ne peux pas simplement me donner la réponse, Alfur ?

– Non. Je n'ai jamais été très malin.

– Je croyais que tu étais un poète.

– Exactement.

– Et toi alors, Brindille ?

Mais Brindille n'était pas non plus d'un grand secours. Son regard passa des grottes aux esprits, des esprits aux grottes, puis encore des grottes aux esprits, si vite qu'il finit par tomber à la renverse, pris de vertiges.

Nouveau grognement de frustration pour Hilda. Le cerveau le plus malin de son entourage était certainement celui de sa maman. Le Bonhomme de Bois était plutôt fûté aussi. « Que dirait-il ? » se demanda-t-elle.

– Mais oui, c'est ça !

Hilda se tourna vers l'esprit d'eau à sa gauche.

– Voici ma question : si je demandais à *l'autre* esprit si le Premier ministre se trouve dans *cette* grotte, *que dirait-il ?*

Il y eut un long silence, puis une voix résonna à travers l'eau.

– Il… dirait… que… non.

– Aha ! s'exclama Hilda. Il y a deux possibilités dans ce cas. LA PREMIÈRE : tu es le menteur, donc tu mens quand tu dis que l'autre esprit dirait non. Il ne dirait pas non mais OUI, le Premier ministre EST dans cette grotte. Et je peux le croire sur parole puisqu'il dit tout le temps la vérité. LA SECONDE POSSIBILITÉ : tu es celui qui dit vrai. Dans ce cas, tu aurais raison de dire que l'autre esprit répondrait non. Mais ce non est un mensonge. Et du coup, la vérité est la même dans les deux hypothèses. LE PREMIER MINISTRE EST DANS CETTE GROTTE.

– Entre donc, conclut le bouffon.

Hilda s'avança dans la pénombre, suivie de Brindille et d'Alfur.

– Excuse-moi, dit ce dernier en grimpant à nouveau dans son oreille. Je n'ai pas compris un traître mot de ce que tu viens de dire. Tu peux me préciser à quel point tu étais sûre de ton choix ? Sur une échelle de un à dix ?

– Sept, répondit Hilda.

– C'est bien ce que je craignais, marmonna Alfur.

Alors qu'Hilda continuait sa progression, elle se heurta à une lourde porte en bois qui s'ouvrit dans un grincement pour révéler une magnifique caverne baignée de lumière. Au beau milieu, une dizaine d'elfes en costume siégeaient à une table de pierre.

– Aaaargh ! s'écrièrent-ils. C'est la fille géante !

Brindille entendit les elfes sans pouvoir les voir. Il fonça tout excité dans la caverne et les petites créatures en costume se dispersèrent, paniquées, pour l'éviter.

– Brindille, tout doux ! ordonna Hilda. Je viens en paix, ajouta-t-elle doucement. Qui parmi vous est le Premier ministre ?

Un elfe au visage pointu grimpa sur la table.

– C'est moi, déclara-t-il. Que veux-tu, fille géante ?

– Je veux rester dans ma maison, dit Hilda.

– Impossible, répondit le Premier ministre.

– Pourquoi ? s'écria-t-elle. Je ne vous ai jamais fait de mal !

L'elfe écarta grand les bras.

– Tu n'arrêtes pas de nous marcher dessus !

– Cela ne vous fait rien, répliqua Hilda. L'autre soir, j'ai vu la patte de Brindille passer à travers le toit d'une maison sans causer le moindre dégât.

– Oui mais mets-toi à notre place. Imagine le traumatisme de voir un pied gigantesque traverser ton plafond. Et imagine à quel point il est compliqué de coucher les bébés quand deux géants rôdent à proximité.

Hilda se mit à leur place. Pour la première fois, elle arrêta de penser à ses propres problèmes et envisagea la vie du point de vue de ceux qui vivaient à l'ombre des géants. Subir leur vacarme assourdissant et les lumières vives, les pieds énormes qui martelaient le sol. Sa colère disparaissait peu à peu. À vrai dire, elle commençait même à se sentir désolée.

– Pardonnez-nous, murmura-t-elle d'une petite voix. Nous n'avions pas idée du souci que nous vous causions. Mais maintenant que vous me l'avez dit, on peut faire des efforts. On éteindra nos lumières plus tôt, et on parlera tout bas. Et je demanderai à Maman de signer vos formulaires. Si elle peut vous voir, elle ne vous marchera plus dessus.

Le Premier ministre secoua la tête.

– Ce n'est pas si simple que ça. D'aussi loin qu'on se souvienne, les occupants de votre maison ont toujours été considérés comme les ennemis du Roi. Nous sommes en guerre contre vous depuis des générations. C'est juste que personne n'avait jamais pris la peine de faire quoi que ce soit avant moi. J'ai bien peur que la situation, à ce stade, ne... euh...

– Ne soit plus entre vos mains ? suggéra Hilda.

– C'est exact.

Le Premier ministre leva ses bras tout fins.

– Et je n'ai même pas de mains.

Hilda le dévisagea.

– Vous êtes en train de me dire que la seule façon de sauver ma maison est de signer un accord de paix avec le Roi des elfes ?

– Exactement.

Le Premier ministre rayonna.

– Et où puis-je trouver le Roi ?

– Je ne peux pas te le dire.

– QUOI ?!

– J'ai signé un formulaire de confidentialité me faisant promettre de ne jamais révéler à un non-elfe l'emplacement du château du Roi. C'est le genre de document que tout elfe doit signer dès qu'il est en âge d'écrire son nom. Désolé.

10

Ce soir-là, Hilda mangea son ragoût et ses sorbes le cœur lourd. Elle ne voulut même pas se resservir. Elle ne demanda pas non plus à Maman de jouer à Panique Dragon ni de faire griller des marshmallows devant la cheminée. Elle n'eut même pas envie de s'affaler sur le canapé pour lire LES GROTTES ET LEURS HABITANTS PEU SYMPATHIQUES. Elle ne désirait qu'une chose : se mettre au lit.

Elle prit un bain, enfila son pyjama et se blottit sous ses couvertures. Brindille se coucha à ses pieds puis Maman entra dans la chambre pour la border et lui souhaiter bonne nuit.

– La journée a été traumatisante? lui demanda-t-elle.

– Oui, répondit Hilda d'une petite voix. J'ai essayé de résoudre notre problème avec les elfes, c'est impossible.

Maman s'assit sur le bord du lit.

– C'est étrange de t'entendre prononcer ce mot.

Hilda se gratta la tête.

– Elfes?

– Non. *Impossible.* Tu l'emploies très rarement.

– Il va falloir t'y faire.

Hilda se gratta de nouveau le crâne.

– Tu te grattes beaucoup, remarqua Maman. Viens ici, que je regarde un peu tes cheveux.

Hilda se pencha en avant. Maman prit un peigne et un carnet de croquis ouvert, et entreprit de peigner Hilda par-dessus une page blanche. De petites boules orange tombèrent sur le papier.

– J'ai des poux?

– Non, répondit Maman. Des *chapoux.*

Hilda saisit sa loupe pour étudier l'une des minuscules boules de poils. On aurait dit une version miniature d'Angelina, la chatte du maire elfe. Hilda se rappela comme elle avait paru plus fine après s'être cachée dans sa chevelure.

Maman continua de peigner Hilda en silence, avant de reprendre la parole, un peu trop enjouée.

– Dis donc, Hilda. Cela fait une éternité que nous ne sommes pas allées à Trollbourg. Je me disais qu'on pourrait y faire un tour demain, juste pour la journée.

– Maman, je t'en prie.

– Juste pour la journée, répéta Maman avec un faux sourire. Histoire de se promener.

Elle se débarrassa des chapoux dans une petite boîte sur la table de nuit. Après avoir déposé un baiser sur le front d'Hilda et l'avoir soigneusement bordée, elle se leva puis quitta la chambre.

Sitôt Maman hors de vue, Alfur bondit de la pile de livres sur laquelle il patientait et inspecta la boîte à chapoux.

– Je ferais mieux de les amener à Angelina, dit-il.

– Oui, parfait, approuva Hilda. Et pas la peine de revenir, sauf si tu comptes me dire où se trouve le château du Roi.

Alfur secoua la tête.

– Tu sais très bien que je ne peux pas faire ça. J'ai signé le formulaire de confidentialité, comme tout le monde. Je ne suis pas censé donner la moindre information à un non-elfe quant à l'emplacement du château.

– Vos formulaires, alors ! rouspéta Hilda. Il n'y a que ça qui compte pour vous, hein ?

– Oui, répondit Alfur. Enfin, non. Enfin, tout de même, tu ne peux pas dire que les formulaires n'ont pas leur importance.

– Et l'amitié dans tout ça ? s'écria Hilda. Elle a de l'importance dans votre petit monde de bureaucrates ?

Elle éteignit sa lampe de chevet et enfouit brusquement sa tête sous les couvertures, ce qui réveilla Brindille en sursaut et le fit sauter du lit.

Hilda essaya de dormir. Elle ferma les yeux, s'imaginant des esprits d'eau glissant sous un pont. Cela suffisait généralement à l'assoupir, mais pas cette nuit-là. Elle ne pouvait s'empêcher de repenser à son échec et au projet de Maman de visiter Trollbourg le lendemain.

Histoire de se promener. Ha ! Pour faire des visites de maisons, oui, et inscrire Hilda à l'école. Elle sentit ses yeux s'embuer de larmes.

La grande pendule de l'entrée sonna minuit. Puis un autre bruit retentit, comme si quelqu'un tapotait délicatement aux carreaux.

Hilda repoussa les couvertures et alluma la lumière. Brindille se tenait sur le rebord de la fenêtre, grattant la vitre du bout de la patte.

– Qu'est-ce qu'il y a, mon grand ? Tu vois quelque chose ?

Hilda le rejoignit et regarda dehors.

La lune était haute et éclairait les milliers de maisons miniatures de sa lueur argentée. Au nord, on distinguait le sommet enneigé du mont Bonnet.

À l'est, la rivière serpentait jusqu'à Trollbourg.

Brindille continuait de gratter à la fenêtre. La fourrure de sa nuque se hérissa et ses petits yeux noirs se braquèrent sur le mont Bonnet, où une tête et des épaules colossales éclipsaient les étoiles dans le ciel d'encre.

Hilda écrasa son nez contre la vitre.

– C'est le géant, murmura-t-elle. Le géant qui apparaît à minuit.

Le Géant de Minuit tourna lentement la tête de droite à gauche, comme s'il cherchait quelque chose. Puis son regard se posa sur la maison d'Hilda et tout son corps se figea.

Hilda contempla le géant.

Le géant contempla Hilda.

Cette fois, Hilda n'appela pas Maman. Elle se contenta de rester immobile, les mains plaquées sur les carreaux. Un grand calme l'envahit et le tambourinement de son cœur ralentit jusqu'à un rythme tranquille. Ses larmes séchèrent doucement sur ses joues.

Les yeux du géant scintillaient au clair de lune. Il poussa un soupir, se tourna calmement et disparut d'un pas lourd dans l'obscurité.

– Ne t'en va pas, l'implora Hilda.

Elle défit le loquet et ouvrit la fenêtre en grand.

– Je t'en prie, reste ! cria-t-elle, mais le géant n'était déjà plus là.

11

Le lendemain matin, assise dans la voiture, Hilda regardait la campagne défiler à travers la vitre. Les moutons broutaient. La rivière suivait son cours. Les branches de pins bleus bruissaient sous le vent d'automne. Sur la gauche, on voyait la colline abrupte qu'Hilda adorait dévaler en roulant ; sur la droite, le plus gros sorbier de la vallée, ainsi qu'un champ d'herbes grasses idéales pour fabriquer des sifflets.

Tant de souvenirs. Tant de choses qu'elle ne ferait plus jamais.

Au loin à l'est, un géant des forêts trébuchait entre les arbres. Hilda n'aurait jamais cru un jour considérer ces créatures comme petites, mais depuis sa rencontre avec le visiteur de la nuit précédente, elle ne pouvait s'empêcher d'établir la comparaison. Pour la centième fois de la journée, elle repensa au Géant de Minuit. Pourquoi revenait-il sans fin dans la vallée ? Qu'attendait-il ? Pourquoi avait-il l'air si triste ?

Il était difficile de réfléchir avec le bavardage permanent de Maman. Elle n'avait cessé de parler depuis leur départ de la maison, une heure plus tôt, radotant sur son enfance passée à Trollbourg et ses week-ends à la campagne pour rendre visite à ses grands-parents.

– On pourrait peut-être faire la même chose, suggéra-t-elle tandis qu'elles franchissaient le pont. Vivre à Trollbourg la majeure partie du temps et se rendre à la campagne certains week-ends. Qu'en penses-tu, Hilda ?

– Très bonne idée, répondit Hilda. Sauf pour ce qui est de vivre à Trollbourg.

La rivière Bjorg se trouvait toujours sur leur droite, mais elle s'élargissait à présent et coulait plus lentement. Droit devant, Hilda aperçut les sommets jumeaux des monts Hár et Halldór. Entre les deux montagnes, un imposant mur de briques se dressait.

– Tu sais pourquoi Trollbourg est cernée par une telle enceinte, n'est-ce pas ? demanda Maman.

– Pour empêcher les gens de s'échapper ?

Maman éclata de rire.

– Non ! Pour protéger la population contre les trolls. Trollbourg a été construite au beau milieu de leur territoire.

– Je vois. Donc tu es en train de m'expliquer que les humains ont fichu les trolls hors de chez eux, comme les elfes nous ont chassées de notre maison, répliqua Hilda.

Maman poussa un soupir.

– C'est arrivé il y a bien longtemps. Fais un effort aujourd'hui, s'il te plaît.

Elles passèrent sous une arche gigantesque ornée de la phrase BIENVENUE À TROLLBOURG. Deux clochers encadraient l'arche comme des miradors. Hilda en conclut que les cloches servaient à garder les trolls à distance. Elle avait bien vu à quel point ces créatures détestaient leur tintement.

Hilda baissa la vitre de sa portière et sortit la tête pour jeter un œil à la cité. Elle était encore plus sinistre que dans ses souvenirs : un square plein de pigeons estropiés, une cour d'école bétonnée entourée d'une clôture métallique, et un dédale de ruelles et de maisons sales.

– Bon, on a vu la ville. Est-ce qu'on peut rentrer maintenant ?

– Non, répondit Maman. J'ai une liste d'endroits que nous devons visiter ensemble, à commencer par l'école Edmund Ahlberg. Ne fais pas cette tête, Hilda. On ne sait jamais, tu pourrais te plaire ici.

Elles se promenèrent la journée entière dans Trollbourg à vadrouiller et à gravir des escaliers pour visiter de lugubres appartements. Toutes les rues paraissaient identiques à Hilda, de même que les maisons, qui étaient accolées les unes aux autres en interminables rangées. Rien à voir avec leur maison à la campagne, où la nature s'étendait à perte de vue, jusqu'aux sommets enneigés.

Maman aussi semblait différente une fois en ville.

Elle balançait ses bras à toute vitesse en marchant et ne cessait de regarder sa montre. On aurait dit qu'elle se transformait en femme d'affaires citadine.

La pire chose de tout Trollbourg restait sans conteste les cloches. Hilda avait oublié que la ville comptait autant de clochers, pas seulement le long de son enceinte mais à l'intérieur également. Les tintements et sonneries permanents la faisaient sursauter de peur et se plaquer les mains sur les oreilles. Le soir, lorsqu'elles reprirent la voiture pour le chemin du retour, ses tympans bourdonnaient encore.

– Par pitié, Maman, ne nous fais pas déménager, supplia Hilda tandis qu'elles rejoignaient la campagne.

– Cela te fera du bien, Hilda. Tu pourras enfin avoir des amis.

– J'en ai déjà.

– Je te parle d'amis humains.

– Je ne veux pas d'amis humains ! Et je ne veux pas vivre à Trollbourg. Il n'y a rien à dessiner, rien à explorer, la ville pue la fumée de pots d'échappement et je n'ai pas vu un seul sorbier de la journée.

– Hilda, nous n'avons pas le choix.

– Si, mais tu dis ça parce que tu ne fais RIEN. Moi, je suis allée négocier avec un maire, j'ai échappé à des lapins, je me suis enduite de bave de troll et j'ai fait de mon mieux pour arranger les choses avec les elfes. Et toi ? Rien du tout ! Tu sais quoi, Maman ? Je crois que tu as envie de déménager. Je pense que tu prépares ton coup depuis un bon moment !

– Tu te trompes, Hilda.

La voix de Maman tremblotait d'émotion.

– Et si tu n'as rien de gentil à dire, alors il vaut mieux te taire.

– Ça me va très bien ! répliqua Hilda d'un ton cassant.

Elles passèrent le reste du trajet en silence et n'échangèrent pas un mot en arrivant.

12

Cette nuit-là, Hilda s'assit à la fenêtre avec Brindille pour guetter l'apparition du Géant de Minuit. Elle ne savait ce qui rendait sa présence aussi apaisante. Peut-être était-ce à cause de sa taille immense, qui faisait paraître ses soucis bien petits en comparaison, ou peut-être était-ce dû aux larmes qui scintillaient dans ses yeux, comme s'il comprenait sa douleur. Elle aurait aimé pouvoir lui parler et lui demander conseil.

À minuit moins cinq, un léger mouvement fit bondir son cœur. Mais ce n'était pas le géant. Seulement un vol de woffs en pleine migration.

C'était un phénomène courant dans la vallée de la Bjorg. Tous les deux ou trois jours, de longues lignes de woffs survolaient les lieux, à la recherche d'on ne savait quoi. Leurs grands yeux perçaient les ténèbres de la nuit et leur queue se balançait de droite à gauche au gré de leur vol.

En bas, dans l'entrée, la grande pendule avait commencé à sonner.

Un... deux... trois... Hilda contempla l'obscurité.

Quatre... cinq... six... Les oreilles de Brindille tressaillirent et il se mit à gratter la vitre.

Sept... huit... neuf... Hilda fixa intensément le sommet du mont Bonnet.

Dix... onze... douze... Peut-être que le Géant de Minuit ne sera pas de sortie ce soir…

Hilda se tourna vers Brindille. Il se tenait sur ses pattes arrière, le cou étiré comme s'il cherchait à voir au-delà des sommets.

– Qu'est-ce qu'il y a, mon grand ? murmura-t-elle en ouvrant la fenêtre.

C'est alors qu'il appurut. Une bosse étrange, à flanc de montagne. Une bosse qui ressemblait fortement au coude d'un géant…

– Il est là-bas ! s'écria-t-elle. Il est assis derrière le mont Bonnet ! Parfait, je vais aller lui causer.

Elle grimpa sur le toit et s'approcha tout près du bord. Le vent soufflait, froid et mordant, et la faisait trembloter.

– Bonsoir ! hurla-t-elle.

L'écho de sa voix résonna contre la montagne.

– Je m'appelle Hilda ! Et vous ?

Avec une infinie lenteur, le Géant de Minuit se redressa. Sa tête et ses épaules surplombaient la montagne comme la dernière fois. Il jeta un regard à Hilda et poussa un profond soupir qui fit trembler les sapins alentour.

Puis il tourna les talons pour s'en aller.

– Oh que non ! s'écria Hilda. Pas question que je vous laisse partir comme ça ce coup-ci !

Elle se releva et se mit à courir sur le toit en direction du géant, en écartant les bras pour garder l'équilibre. Du coin de l'œil, elle pouvait voir la queue d'un vol de woffs à l'approche. Le dernier de la formation était sur le point de frôler le bord de la maison.

Hilda accéléra pour se calquer sur sa vitesse et, sans hésiter une seule seconde, se jeta dans le vide avant de retomber sur le woff.

L'animal apeuré paniqua et se mit à s'élever dans le ciel en ruant, avec un concert de protestations et de gloussements. Hilda enserra le ventre du woff de ses jambes et s'agrippa de toutes ses forces à sa fourrure, en le forçant à virer au nord, vers le Géant de Minuit.

Ce dernier s'éloignait à pas… de géant, en laissant au sol d'immenses empreintes, semblables à celle qu'Hilda avait trouvée dans la plaine. Il était rapide, mais le woff d'Hilda l'était encore plus. Il fendait l'air comme le caillou d'une fronde d'elfe et montait toujours plus haut en se rapprochant du géant en mouvement. Hilda jubilait et se tenait fermement.

Les épais nuages qui l'entouraient se dissipèrent soudain et elle aperçut la tête du géant juste en dessous d'elle.

– Merci pour la balade, petit woff ! hurla-t-elle. Un, deux, trois, Geronimooooo !

Elle lâcha prise et se laissa tomber sur le crâne du géant. Sa fourrure, épaisse et sombre comme de l'herbe aux cuillères, exhalait une agréable odeur de craie.

– Salut ! cria-t-elle.

Le géant continua d'avancer. Il ne semblait pas l'avoir entendue.

Hilda descendit sur le côté de sa tête et découvrit une caverneuse oreille sous la fourrure.

– Excusez-moi, monsieur ! l'interpella-t-elle en se frayant un chemin dans le conduit.

Le géant s'arrêta net.

– Qui êtes-vous ? demanda-t-il, d'une voix qui ressemblait à un tonnerre triste.

– Je suis la fille qui vit dans la maison là-bas, bredouilla Hilda. Je suis tellement contente de vous rencontrer enfin. Je suis une de vos plus grandes admiratrices. On doit vous le répéter tout le temps mais vous êtes tellement grand ! Je n'ai jamais vu quelqu'un d'aussi gigantesque. Co-lo-ssal. Dites, pourquoi apparaissez-vous toujours à minuit ?

Le géant resta silencieux un long moment.

– J'ai rendez-vous avec quelqu'un, finit-il par répondre.

– Qui ? demanda Hilda, curieuse.

– Une vieille amie.

– Vous êtes sûr d'être au bon endroit ?

Le géant tourna la tête pour étudier le paysage. Nichée dans son oreille droite, Hilda contempla la vallée nimbée du clair de lune ; toutes ces forêts, cette rivière et ces lointaines montagnes qu'elle aimait tant.

– Je me souviens de l'emplacement des étoiles. Et de l'odeur du thym et des sorbiers. Les collines ont un peu changé. Et ta maison n'était pas là avant. Mais oui, c'est bien le bon endroit.

– Alors pourquoi la personne n'est pas là ?

– Je n'en sais rien.

Le géant se déplaça à nouveau pour se rapprocher du mont Bonnet.

– Le rendez-vous a été pris il y a très, très longtemps. Nous avions convenu de nous retrouver ici à minuit. Je me suis peut-être trompé de date.

– Tu n'as pas l'air d'être du genre à oublier une date importante, remarqua Hilda. Je suis vraiment désolée de te le dire, mais j'ai bien peur que ton amie ne vienne pas.

Le Géant de Minuit réfléchit aux paroles d'Hilda.

– Tu as peut-être raison. Elle est peut-être partie, comme les autres.

– Mais qui est-elle ? Parle-moi d'elle.

Le géant ne répondit pas. Il s'arrêta devant la maison d'Hilda et porta la main à son oreille. Après l'avoir délicatement récupérée, il la laissa glisser le long de son doigt jusqu'au toit.

– Désolée, s'excusa-t-elle. Je ne voulais pas être indiscrète. Mais tu avais l'air tellement triste, et ces derniers temps, je n'allais pas fort non plus, alors je me suis dit…

– Au revoir, petite fille. Merci pour cette discussion.

Sur ces mots, il se redressa et s'enfonça progressivement dans la nuit.

13

Le lendemain, Hilda partit avec Brindille rendre visite au Bonhomme de Bois chez lui, au milieu de la Grande Forêt. Il vivait dans une magnifique cabane en pin et en noyer, construite au pied d'un énorme chêne. En s'approchant, Hilda et Brindille entendirent un air de jazz s'échapper de la maison.

Le Bonhomme de Bois leur ouvrit la porte. Son visage figé ne laissait pas transparaître beaucoup d'émotions, mais ses yeux s'écarquillèrent tout de même un peu, et sa bouche s'arrondit légèrement.

– Comment sais-tu où j'habite ? demanda-t-il.

– J'ai passé ma vie à explorer cette vallée, répondit Hilda. Tu ne nous invites pas à entrer ?

– Non.

Hilda haussa les épaules.

– Eh bien j'entre quand même.

L'intérieur de la cabane était superbement décoré. Les murs étaient recouverts de bibliothèques, le parquet était blanc crème, et au centre trônaient fièrement un piano étincelant ainsi qu'un poêle à bois.

– Du thé ? proposa le Bonhomme de Bois en tendant à Hilda une tasse remplie d'eau boueuse et de brindilles.

– J'ai bien peur de ne pas avoir le temps. J'aurais besoin de t'emprunter un livre.

– Tu te crois dans une bibliothèque ?

Hilda poussa un soupir.

– Non. Mais l'autre jour, j'ai remarqué que tu lisais un livre sur les géants. Je me demandais si je pouvais y jeter un œil.

Le Bonhomme de Bois se dirigea vers un coin de la pièce. Il monta sur un escabeau et se mit à chercher l'ouvrage en question. Brindille bondit sur le piano et se promena tout le long de la gamme, jusqu'aux notes les plus graves.

Pling plang ploooong.

– Le voilà, dit le Bonhomme de Bois.

Il sortit un imposant volume du rayonnage et le passa à Hilda.

ILS ONT DE GRANDS PIEDS
Un guide sur tous les géants que vous avez pu voir, ainsi que ceux que vous n'avez jamais vus
Par Sigrid Renberg

– Parfait! s'exclama Hilda.

Elle s'assit dans un fauteuil en osier et fit courir son doigt le long de l'index du livre.

– Chevaux géants, géants des forêts, géants des neiges... Ah, nous y voilà : géants des temps anciens.

Hilda se rendit à la bonne page, passa ses cheveux derrière ses oreilles et se mit à lire.

Aux débuts du monde, les géants des temps anciens arpentaient les vallées du Nord. Ils étaient plus grands que les montagnes et pouvaient vivre des milliers d'années. L'un d'entre eux s'asseyait toujours au sommet de la plus haute montagne, un pic des terres glaciales depuis longtemps oublié. Là, il contemplait le ciel noir, en protégeant la Terre de toute menace venue d'en haut. Ce rôle de gardien pouvait échoir à n'importe quel jeune géant, et durait parfois des millénaires.

Hilda tourna la page et tomba sur une image du Géant de Minuit.

– C'est lui ! s'écria-t-elle. Il s'appelle Jørgen, selon ce qui est écrit. Et c'était le dernier géant des temps anciens à endosser le rôle de gardien.

Hilda plissa le front en poursuivant sa lecture.

Tout changea avec l'apparition des humains dans les vallées du Nord. Ils construisirent des villes que les géants piétinaient parfois accidentellement, ce qui engendra disputes et affrontements. Quand les géants des temps anciens comprirent que le monde était devenu trop petit pour eux, ils partirent. Personne ne sut jamais où ils avaient disparu. Certains affirment qu'ils ont sauté de toutes leurs forces pour se retrouver dans l'espace.

– Pauvre Jørgen ! s'exclama Hilda. Les autres géants sont partis sans lui. Il a passé plusieurs milliers d'années assis sur une montagne gelée, tout seul à monter la garde, et personne ne lui a dit que les autres n'étaient plus là. Y compris son amie qui était censée le rejoindre. Il est seul.

Le Bonhomme de Bois posa son regard vide sur Hilda.

– Tu as terminé ?

– Terminé quoi ?

– De lire. De parler. D'être chez moi.

– Oui, oui.

Hilda referma l'ouvrage et se leva.

– Merci de m'avoir prêté le bouquin, Bonhomme de Bois. Viens, Brindille. Le dernier arrivé à la maison est un woff mouillé !

Une heure et demie plus tard, Hilda ouvrit grand la porte d'entrée et ôta ses bottes rouges. Elle retrouva la chaleur du foyer ainsi qu'une divine odeur de gingembre, de noix de muscade et de cumin. Mais une chose avait changé. Maman n'était ni à son bureau ni dans la cuisine.

Hilda monta à l'étage, accompagnée de Brindille. Maman se trouvait dans sa chambre et rangeait ses vêtements dans une valise.

– Qu'est-ce que tu fais ? demanda Hilda d'un ton inquiet.

– Je prépare nos affaires.

Maman plaça une pile de pulls en laine dans la valise.

– Nous avons encore reçu une de ces lettres minuscules. Le même message que d'habitude, mais cette fois, accompagné d'un tampon rouge DERNIER AVERTISSEMENT.

– On ne peut pas les laisser nous marcher dessus ! s'indigna Hilda en tapant du pied. Hé, j'ai une idée. On va transformer la maison en forteresse ! Je vais creuser une douve ! Et s'ils parviennent à rentrer, je me servirai du balai, comme la dernière fois.

– Je suis désolée, Hilda.

Maman referma la valise et la déposa par terre.

– Je vide la maison. Nous déménageons pour Trollbourg demain.

Elle descendit l'escalier et Hilda s'effondra sur son bureau, la tête entre les mains, au-dessus de la carte de la vallée. Elle contempla le mont Botte, le mont Bonnet, la rivière, la Grande Forêt et la forêt de pins bleus. Ces endroits où elle avait passé toute son enfance. Ces endroits qu'elle ne reverrait sans doute plus jamais…

Elle se mit à pleurer. De grosses larmes roulèrent le long de ses joues avant de tomber sur la carte.

– Je t'en prie, ne pleure pas, implora une petite voix.

Hilda dévisagea Brindille, stupéfaite. Elle ignorait qu'il pouvait parler. C'était bien la première fois qu'elle l'entendait.

– Par ici, reprit la voix.

Hilda s'essuya les yeux et vit Alfur assis sur un taille-crayon.

– Oh, c'est toi, dit-elle.

Alfur esquissa un grand sourire.

– Tu as cru que c'était le renard-cerf qui avait parlé, hein ?

– Bien sûr que non, mentit Hilda. Et pour ta gouverne, je suis dans ma chambre alors je pleure si je veux. Toi aussi tu pleurerais si tu devais quitter ta maison.

– C'est juste que je n'aime pas te voir triste, marmonna Alfur.

– Oh que si, répliqua aussitôt Hilda. Sinon tu m'aurais dit où vivait le Roi !

– Hé, c'est injuste !

Alfur bondit du taille-crayon et s'avança vers elle.

– Ce n'est plus entre mes mains. J'ai signé le formulaire de confidentialité. Impossible pour moi de te révéler l'emplacement du château.

– C'est ça, maugréa Hilda.

– Je ne peux pas dire le moindre mot à ce sujet, poursuivit Alfur en marchant sur la carte.

– Laisse-moi tranquille, dans ce cas. Allez, ouste, fiche le camp !

– Pas le moindre mot, répéta Alfur.

Il se comportait de façon étrange, en sautillant sur la carte d'Hilda.

– Je ne peux pas parler. Je refuse d'en discuter. Je resterai muet à ce propos. Tu comprends ?

Hilda se cala contre le dossier de sa chaise et dévisagea le petit elfe, qui semblait avoir totalement perdu la tête, à sauter sur place en pointant du doigt ses chaussures.

– Tu comprends ? insista-t-il. Tu comprends ?

Hilda regarda les chaussures de l'elfe, qui faisaient des claquettes sur le dessin du mont Bonnet, juste à côté de la maison. Un sourire se dessina sur son visage.

– J'ai compris, répondit-elle en allant chercher son écharpe et son manteau le plus chaud. Alfur, merveilleuse petite créature ! Ça te dirait de faire une promenade avec moi ?

RIVIÈRE
MONT
BONNET
MAISON
LA NATURE

14

Le mont Bonnet était tout près de la maison d'Hilda. Elle l'avait exploré un nombre incalculable de fois, sans jamais s'aventurer jusqu'à sa cime enneigée.

Attention à ne pas monter trop haut, lui avait toujours dit Maman. *C'est dangereux. Tu peux tomber dans une crevasse cachée sous la neige. Il y a des esprits de tempête qui rôdent. Et par-dessus tout, tu risques d'être prise dans une avalanche.*

Hilda savait ce qu'était une avalanche et l'idée d'être ensevelie sous la neige la pétrifiait de terreur.

Mais l'idée de déménager à Trollbourg l'effrayait encore plus. Sa sacoche d'aventurière dans le dos, Brindille à ses côtés et Alfur au creux de son oreille, elle s'attaqua aux flancs herbeux de la montagne, bien décidée à parvenir jusqu'au palais du Roi des elfes, tout au sommet.

Sitôt la ligne de fonte des neiges franchie, l'ascension devint plus difficile. Hilda noua fermement son écharpe jaune autour de son cou et ramassa une branche de bouleau pour en faire un bâton de marche. À chaque pas, elle le plantait devant elle pour s'assurer de l'absence de trou. La neige crissait et s'écrasait sous ses semelles. Brindille la talonnait en baissant la tête pour avancer contre le vent.

CHAPITRE QUATORZE

– Oh bon sang, dit soudain Alfur. Cet esprit de tempête m'a l'air en colère !

– Quel esprit ?

Un tourbillon de poudreuse s'abattit sur Hilda et lui recouvrit la tête et les épaules.

– *Celui-ci,* répondit Alfur.

Hilda releva le menton et reçut une nouvelle rafale de flocons dans les yeux. Un nuage sombre la surplombait. À sa droite et à sa gauche, le temps était radieux, mais elle se trouvait prisonnière d'un miniblizzard. Brindille bondissait dans tous les sens en mordant dans le vide pour chasser l'esprit farceur.

– Ça suffit, l'esprit ! tonna Hilda. Tu deviens vraiment casse-pied !

– CASSE-PIED, AH OUI ?! rugit l'esprit de tempête en larguant un énorme paquet de neige qui fit tomber Hilda à la renverse. JE VAIS T'EN DONNER, MOI, DU CASSE-PIED !

La neige s'amoncela autour d'Hilda. Jusqu'à ses cuisses. Jusqu'à sa taille. Jusqu'à sa poitrine. Jusqu'à son cou…

– Sois son amie, s'écria Alfur. Ta maman n'arrête pas de dire que tu es très douée pour devenir amie avec les créatures magiques. Dépêche-toi ou nous allons finir ensevelis !

– Ne fais pas attention à mon elfe, lança Hilda à l'esprit de tempête. Il n'aime pas beaucoup l'alpinisme, même s'il est très fort en elfscalade !

– Je ne suis pas ton elfe, marmonna Alfur.

L'esprit pouffa de rire.

– C'est un poète, en fait ! renchérit Hilda. Il connaît toutes les lettres de l'elfabet !

– Je ne suis pas ton elfe ! insista Alfur.

L'esprit gloussait à présent. La neige tombait toujours, mais de façon plus légère.

– Mon elfe m'a toujours porté chance. C'est un elfe à quatre feuilles !

L'esprit de tempête gloussa de plus belle et un mince rayon de soleil perça le nuage.

– Ça suffit les blagues sur les elfes, grommela Alfur.

– Encore une autre ! réclama l'esprit en riant.

– Non, hors de question ! protesta Alfur.

– J'en ai une bonne ! reprit Hilda. Combien d'elfes faut-il pour changer une ampoule ?

– Je ne sais pas.

– Cent ! cria Hilda. Un pour la changer, neuf pour lui faire la courte échelle et quatre-vingt-dix pour remplir la paperasse !

L'esprit de tempête accueillit la blague par un nouveau rugissement hilare.

– Quatre-vingt-dix pour remplir la paperasse ! répéta-t-il. Elle est vraiment excellente. Je vais la raconter à mes amis.

L'esprit disparut en flottant. Brindille baissa la tête et tendit ses bois pour aider Hilda à se hisser hors de la neige.

– Tu étais obligée de ne faire que des blagues sur les elfes ? souffla Alfur.

– Désolée, c'est la seule chose qui m'est venue.

Tandis qu'elle reprenait son ascension, Hilda sentait la neige accumulée dans son cou fondre et couler le long de son dos. Elle frissonna, les jambes alourdies et engourdies. Elle profita d'un bouleau argenté pour s'adosser et faire une pause.

– C'est encore loin ? demanda-t-elle, haletante.

– Tu sais bien que je ne peux pas te dire où se trouve le château, lui rappela Alfur. Mais sans transition, je pense que cette sympathique randonnée durera encore quatre heures.

– Quatre heures !

Hilda se pencha en avant, appuyant ses mains sur ses genoux.

– Je ne sais pas si je pourrai tenir quatre minutes de plus.

Ce fut à cet instant précis qu'elle entendit un curieux bruit étouffé au-dessus de sa tête. En levant les yeux, elle découvrit une floppée de woffs perchés sur une des branches du bouleau. Ils ronflaient comme des bienheureux, en pleine récupération avant la prochaine étape de leur migration.

– Brindille, murmura Hilda, je ne peux pas t'emmener avec moi pour cette dernière partie de l'aventure. Je te retrouverai plus tard, je vais essayer de ne pas traîner.

Hilda escalada l'arbre et longea la branche pleine de woffs. Le fidèle renard-cerf cligna de ses grands yeux noirs intelligents et grogna doucement.

Alfur se racla la gorge.

– Excuse-moi. Étant donné que je me trouve dans ton oreille, tu pourrais avoir l'obligeance de m'expliquer ton plan. Que comptes-tu faire exactement ?

– Ça, dit Hilda en se jetant sur le woff le plus proche pour l'agripper par le col.

Le woff s'éveilla brusquement, ses gros yeux étaient écarquillés. Il ouvrit la bouche et laissa échapper un cri d'effroi qui résonna contre le flanc de la montagne.

– Accroche-toi bien, Alfur ! s'exclama Hilda.

Et le woff décolla de l'arbre comme si sa queue était en feu.

Hilda tira doucement sur sa fourrure pour le guider vers le sommet. Il s'éleva d'un coup, passant les rochers escarpés et les congères à toute vitesse.

– J'ai le mal de woff, gémit Alfur. C'est bien pour ça qu'on ne devrait jamais voler sans avoir de permis.

– On est presque en haut ! hurla Hilda. Fais-moi signe dès que tu vois le château du Roi.... AAAAAARGH !

Le woff accéléra encore et boucla la boucle. Hilda perdit l'équilibre et glissa de son dos. En tombant, elle réussit à se rattraper à la queue de l'animal, ce qui les fit atterrir en catastrophe dans la neige. BOOOUF !

Hilda resta allongée sur le dos. Puis elle ouvrit les yeux.

– Je vais bien, dit-elle.

– Certainement pas, répliqua Alfur. Et moi non plus.

– Hein ?

Hilda se redressa.

– Comment ça ?

– Écoute.

Hilda s'exécuta. Au début, elle n'entendit rien, puis elle perçut un faible grondement, qui s'amplifiait.

– Qu'est-ce que c'est ?

– Ça, répondit Alfur, c'est ce que nous autres les elfes appelons une avalanche. Mais généralement nous le prononçons plutôt comme ça : AVALANCHE !!!

Le grondement se transforma en rugissement et Hilda aperçut un énorme nuage de neige qui dévalait la montagne droit sur eux.

15

L'avalanche fonçait sur Hilda. On aurait dit un gigantesque mur blanc, qui ne faisait que grandir et accélérer à chaque seconde.

Hilda pivota sur ses talons et se mit à courir, mais l'avalanche était plus rapide. Elle allait l'engloutir.

– Puis-je te suggérer de tourner la tête sur ta droite ? proposa Alfur.

Hilda aperçut l'entrée sombre d'une grotte. Elle piqua un sprint en trébuchant sur la glace et les rochers et se jeta à l'intérieur au moment où la coulée de neige s'abattait sur elle. Elle entendit le vacarme assourdissant de milliers de tonnes de neige dans l'entrée et poursuivant leur chemin le long de la montagne.

Allongée sur le sol rocailleux et chaud, Hilda ouvrit les yeux.

– Je vais bien, constata-t-elle.

– Certainement pas, protesta Alfur. Et moi non plus.

– Comment ça ? répliqua-t-elle, excédée. Quoi encore ?

– Ce n'est pas une grotte.

– Hein ?

– Il y fait beaucoup trop chaud.

– N'importe quoi, s'agaça Hilda.

Mais maintenant qu'il le disait, elle remarqua que la température était étrangement élevée. Elle lui rappelait sa nuit précédente, qu'elle avait passée assise dans l'oreille de Jørgen pendant que le Géant de Minuit arpentait la vallée à la recherche de son amie. L'amie qui était censée se trouver ici mais qui n'y était pas.

Et si… songea subitement Hilda. Si la grotte était une oreille, alors peut-être que la montagne n'était pas une montagne !

– Bonjour ? tenta Hilda. Bonjouuuuuuuur !

– OUI ? répondit une voix de femme endormie. QUI VA LÀ ? MONTREZ-VOUS !

– Mais je suis juste ici ! s'exclama Hilda.

– J'entends des voix dans ma tête. Comme c'est étrange.

Hilda se releva et marcha jusqu'à l'entrée de la caverne.

– Hé, je ne suis pas une voix dans votre tête, je…

Le sol se mit à trembler sous ses pieds. Des cailloux, des rochers et de la poudreuse dévalèrent la pente. Hilda perdit l'équilibre et plongea en arrière, rebondissant contre des parois rocheuses jusqu'à finir au bord d'un précipice.

Elle ferma les yeux et s'agrippa de toutes ses forces au rebord tandis que la montagne tout entière s'élevait dans les airs comme montée sur de formidables échasses.

Le mont Bonnet, cette montagne voisine de sa maison depuis bien avant sa naissance, n'était absolument pas une montagne. Et son sommet, qui ressemblait au petit pompon d'un bonnet de laine, était en réalité la tête d'un corps pyramidal gigantesque.

Hilda ouvrit les yeux et contempla les cheveux recouverts de neige de la géante ainsi que son énorme oreille en forme de coquillage, qu'elle avait confondue avec une grotte.

– Tu es une géante des temps anciens ! cria Hilda.

– Ah oui ? murmura celle-ci d'une voix ensommeillée. Mais oui, c'est vrai. Oh bonté, combien de temps ai-je dormi ?

Hilda était sur le point de répondre lorsqu'elle remarqua un objet au-dessus de l'oreille de la géante : une minuscule boîte rouge et blanche perchée sur un rocher. Elle plissa les yeux en se demandant ce que cela pouvait bien être.

Alfur, lui, avait la réponse.

– Le château ! s'écria-t-il. C'est le château du Roi des elfes ! Et il va tomber !

Il avait raison. Alors que les dernières secousses du tremblement de terre se dispersaient, le château oscilla et tangua avant de commencer à chuter.

– Il va s'écraser sur les rochers ! s'étrangla Alfur. Il va être complètement oblituré !

Hilda regarda le château en danger, puis en contrebas sur sa droite, où une épaisse couche de neige reposait sur l'épaule de la géante. Elle pouvait peut-être faire quelque chose, mais il fallait réussir du premier coup.

Sans hésiter un seul instant, Hilda prit son élan, sauta dans les airs, attrapa le château en plein vol et atterrit dans la neige molle en le serrant contre elle pour le protéger.

– Incroyable ! hurla Alfur. Tu as sauvé le Roi ! Tu as sauvé le château !

Hilda souffla un bon coup. Pas de casse, mais il lui restait encore une chose à faire. Elle fourra le château dans sa sacoche et escalada le visage de la géante pour se rasseoir dans son oreille.

– Excuse-moi ! cria-t-elle. Est-ce que tu cherches Jørgen ?

– Jørgen ! répondit la géante. Oui ! Tu l'as vu ? J'arrive trop tard ? J'ai attendu si longtemps…

– Il est venu ici chaque soir à minuit ! Pourquoi tu n'as rien remarqué ? Je suis désolée, je lui ai dit ne plus t'attendre. À présent, je ne sais pas où il est parti…

La géante poussa un profond soupir.

– La neige a dû me boucher les oreilles, expliqua-t-elle.

Un énorme doigt fendit l'air pour se diriger vers l'oreille où Hilda se trouvait.

– Doucement avec ton doigt ! protesta-t-elle. Attention !

Il était trop tard. Le doigt renversa Hilda et la fit plonger une fois de plus dans le vide.

– Je crois que c'est la fin, gémit Alfur. Ravi de t'avoir connue, Hilda.

– Moi aussi ! cria-t-elle par-dessus l'air froid qui sifflait tout autour d'eux. Désolée pour les blagues sur les elfes !

En réalité, elle n'était pas seulement désolée pour quelques plaisanteries. Tandis qu'elle continuait de chuter, le seul visage qui lui venait en tête était celui de sa mère. Elle s'en voulait tellement d'avoir été aussi vilaine avec elle ces derniers jours. Et plus que tout, elle regrettait infiniment de ne plus jamais pouvoir lui dire à quel point elle l'aimait.

Le vent arracha l'écharpe et le bonnet d'Hilda. Son pull et son écharpe se gonflèrent, claquèrent, puis le sol se précipita à sa rencontre.

16

Une large main, noire comme la nuit, s'interposa entre Hilda et le sol, la cueillit délicatement et l'enveloppa dans la douce fourrure de sa paume.

– Je te tiens, dit le Géant de Minuit d'une voix de tonnerre joyeux.

– Jørgen ! s'écria Hilda.

– Jørgen ! s'écria Alfur.

– JØRGEN ! s'écria la géante.

Le géant déposa Hilda par terre et ouvrit grand les bras à son amie.

– Tu es là ! s'exclama-t-il, ému, tandis qu'il l'embrassait dans une chaleureuse étreinte. Mais comment

cela se fait-il ? Où étais-tu pendant toutes ces nuits où je t'ai attendue ?

– J'étais là depuis le début ! s'exclama la géante, la voix étouffée contre la fourrure de Jørgen. Mon amour, les choses se sont compliquées après ton départ. Le petit peuple est arrivé. Tous les nôtres en ont eu assez et ont décidé de partir ou de se cacher. Mais je ne supportais pas l'idée de t'abandonner. Je me suis rendue à notre lieu de rendez-vous, je me suis assise et j'ai attendu, attendu et attendu. J'ai dû m'endormir au bout d'un moment.

Émerveillée, Hilda ne perdait pas une miette de la conversation. Elle s'imaginait le corps endormi de la géante se recouvrir de roches, de mousse et de neige au long des siècles. Une fois le devoir de gardien de Jørgen terminé, sa compagne ressemblait probablement à n'importe quelle montagne.

– Tu m'as attendu quatre mille ans, murmura Jørgen. Je suis tellement désolé.

– Ce n'est rien, le rassura la géante. Nous sommes ensemble à présent. C'est tout ce qui compte.

Ses mots frappèrent Hilda en plein cœur. Elle prit conscience qu'elle avait passé tant de temps durant les derniers jours à s'inquiéter de son départ de la maison qu'elle en avait oublié ce qui fait l'essence du foyer : la présence des gens qu'on aime. *Ce n'est rien. Nous sommes ensemble à présent. C'est tout ce qui compte.*

– Coucou ? risqua une petite voix du fond de la sacoche d'Hilda. Il y a quelqu'un ?

– Le Roi ! s'écria Alfur. Vite, libère-le.

Hilda ouvrit la fermeture éclair de la sacoche et déposa soigneusement le château par terre.

Une herse se leva et un pont-levis s'abattit. Un elfe à l'allure majestueuse sortit, avec dans les mains un sceptre et un parchemin.

– Jeune demoiselle, annonça-t-il. Au regard des derniers événements, moi, le Roi, souhaiterais déclarer la fin du conflit qui oppose nos peuples. En sauvant mon château ainsi que ses occupants, vous vous êtes montrée digne de confiance. Je vais envoyer sur-le-champ une missive au Premier ministre pour l'en informer. Et maintenant, si vous voulez bien signer ce traité de paix, nous pourrons officialiser la chose.

Hilda prit le minuscule parchemin et gribouilla rapidement sa signature.

– Alors nous ne sommes plus ennemis ?

– Plus du tout, l'assura le Roi.

– Et nous ne sommes plus obligées de déménager ?

– Bien sûr que non ! Vous avez autant le droit de vivre sur ces terres que nous !

– Merci ! s'écria Hilda.

Elle contempla sa maison aux rideaux à carreaux et à la petite cheminée qui laissait s'échapper une mince fumée. Son cœur s'emplit de joie.

Elle vit la porte d'entrée s'ouvrir, puis Maman et Brindille sortirent. Maman portait deux lourdes valises vers la voiture. Il lui fallut un moment pour remarquer les géants qui se tenaient enlacés. Ses genoux se dérobèrent alors et elle dut s'accrocher à la voiture pour garder l'équilibre. Le visage livide et la bouche grande ouverte, elle ressemblait étrangement à un poisson-chat.

Hilda courut vers elle et la serra fort dans ses bras.

– Je t'aime tellement, Maman. Je suis désolée d'avoir été méchante avec toi.

Maman sourit timidement.

– Je t'aime aussi, Hilda. Et maintenant, tu veux bien m'expliquer ce qui se passe ?

– Alors, en résumé…

Hilda prit une grande inspiration.

– Le mont Bonnet n'est pas une montagne, c'est une géante des temps anciens, et le gros géant velu qui l'embrasse s'appelle Jørgen, et la boîte invisible rouge et blanche là-bas, c'est le château du Roi des elfes et, oh, bon en gros… ON N'A PLUS BESOIN DE DÉMÉNAGER !!!

Maman fixa l'endroit où était censé se trouver le château invisible, avant de reporter son regard sur les géants.

Brindille bondit dans les bras d'Hilda et elle lui gratouilla la nuque.

– Discutons un peu en marchant, suggéra la géante à Jørgen. Après quatre mille ans assise, j'ai besoin de me dégourdir les jambes.

– Bonne idée, répondit Jørgen.

Bras dessus, bras dessous, ils s'éloignèrent en formant le plus charmant des tableaux. À part ce malheureux petit détail : le tout premier pas de Jørgen vint complètement écrabouiller la maison d'Hilda. Elle se retrouva instantanément aplatie, comme une boîte d'allumettes piétinée par un ours.

– Notre maison ! s'écria Maman. Notre jolie petite maison !

Hilda considéra les ruines. Durant quelques secondes, elle ne ressentit absolument rien, et puis son cœur se rappela les paroles de la géante.

– Ce n'est pas grave, murmura-t-elle en glissant sa main dans celle de Maman. On est ensemble à présent. C'est tout ce qui compte.

Trop occupé à enjamber les collines en compagnie de sa bien-aimée, Jørgen n'avait pas remarqué la destruction dont il était responsable. Les deux géants s'arrêtèrent dans une clairière de pavots arctiques avant de se donner la main. Ils plièrent les genoux et, d'un même élan, bondirent dans l'espace.

17

Main dans la main, Hilda et sa mère contemplaient la pile de débris – planches disloquées, poutres, tuiles, bris de verre et briques de cheminée – qui avait jadis été leur maison.

Hilda se pencha et ramassa un tissu à carreaux dans les décombres.

– Oh et puis après tout, tu as toujours dit que tu n'aimais pas ces rideaux.

Maman émit un son étrange, entre rire et pleurs.

Hilda serra sa main. Elle était sur le point d'ajouter quelque chose lorsqu'elle remarqua deux petites jambes de bois qui émergeaient du fatras. Elle les prit d'abord pour des pieds de chaise, mais l'une d'elles se mit à bouger.

– Le Bonhomme de Bois ! s'écria-t-elle d'un ton paniqué.

Elle lâcha immédiatement la main de Maman pour fouiller dans les décombres et le dégager. Les ruines bougeaient sous son poids et lui faisaient perdre l'équilibre, mais elle parvint à atteindre les jambes et à les tirer délicatement.

PLOP ! Des gravats de la maison écrasée sortit le Bonhomme de Bois, en affichant la même expression morose qu'à l'accoutumée. Hilda passa un bras par-dessus ses épaules et se servit de son écharpe pour lui essuyer les yeux.

– Tu vas bien ? lui demanda-t-elle.

– Je ne sais plus où j'en suis, répondit-il, impassible.

– Nous non plus. On est un peu perdues.

– Non, je veux dire que je ne sais plus où j'en suis dans ma lecture, expliqua-t-il en brandissant son exemplaire du livre LES GROTTES ET LEURS HABITANTS PEU SYMPATHIQUES. J'étais plongé dedans quand ta maison m'est tombée sur la tête.

Hilda garda son bras autour de lui et l'aida à quitter les décombres pour rejoindre Maman et Brindille. En chemin, elle ramassa la bouilloire en cuivre et son carnet de croquis, qui était désormais recouvert de poussière en plus de la bave de troll.

– Bien joué, la félicita Maman. Mais ne retourne plus dans les ruines, Hilda. C'est dangereux.

Il était tard et le soleil commençait à se coucher entre les pins. Hilda et sa mère étalèrent le rideau dans l'herbe comme pour un pique-nique et s'assirent pour décider de la suite. Après ce qui venait de se produire, il était clair qu'un déménagement à Trollbourg était inévitable.

– Notre appartement sera prêt demain, annonça Maman. Mais je n'ai aucune idée d'où dormir ce soir. Tu as des suggestions, Hilda ?

Hilda songea à la magnifique cabane en pin et en noyer du Bonhomme de Bois. Elle se tourna vers lui et haussa un sourcil.

– Des suggestions, Bonhomme de Bois ?

– Oui.

– Alors ?

– Vous avez bien une tente, non ?

Heureusement, l'équipement de camping d'Hilda se trouvait dans une des valises déjà dans la voiture. Elles plantèrent la tente entre le bleudeboque et l'étang à poissons-chats, bien loin des maisons des elfes. Maman fit un feu de camp et, grâce à la bouilloire en cuivre, elles purent se préparer d'énormes tasses de chocolat chaud. Brindille était allongé non loin, les yeux à moitié fermés, parfaitement paisible et détendu.

– C'est notre dernière nuit dans la nature, murmura Maman en contemplant les étoiles.

Hilda enveloppa sa tasse des deux mains pour se tenir chaud. La campagne lui manquerait, c'était certain, mais elle avait aussi le sentiment qu'une nouvelle grande aventure l'attendait. Ce genre de choses semblait lui arriver constamment, quel que soit l'endroit où elle se trouvait.

Elle sentit soudain qu'on lui tirait le lobe d'oreille.

– Qu'est-ce qu'il y a, Alfur? souffla-t-elle.

– J'ai réfléchi et je me disais que je pourrais t'accompagner à Trollbourg. Nous autres, les elfes, avons toujours été intéressés par le vaste monde, au-delà de cette vallée. En te suivant, je pourrais écrire des reportages sur la vie en ville et les envoyer à mon peuple resté ici.

– Bien sûr, approuva Hilda. Plus on est de fous, plus on rit.

– Il y aura évidemment une montagne de paperasse à remplir, poursuivit Alfur. Rien que notre formulaire de demande de passeport contient deux cent soixante-dix pages.

– Tu ferais mieux de t'y mettre dès maintenant dans ce cas, dit Hilda en souriant. On te retrouvera ici demain matin à l'aube pour notre nouvelle aventure.

Alfur descendit le long de l'écharpe d'Hilda et disparut dans la pénombre.

– À qui parlais-tu ? demanda Maman.

– Je te le dirai plus tard. D'abord, je dois te poser une question très importante.

– Je t'écoute.

– Est-ce que tu avais emporté la boîte de Panique Dragon ou bien a-t-elle fini écrasée ?

– Je suis à peu près sûre qu'elle se trouve dans une des valises.

Hilda esquissa un grand sourire et fit craquer ses doigts.

– Alors qu'est-ce qu'on attend ? Je te laisse une avance de trois cases et une potion de soins supplémentaire, mais j'arriverai quand même à t'éliminer !

– Ah ouais ?

Maman se mit à rire et agita son doigt à la lumière du feu de camp.

– Ouais.

– Ouais ?

– Ouais !

– Ouais ?

– OUAIS !

Puis elle se jeta sur Hilda et commença à la chatouiller. Mère et fille se roulèrent dans l'herbe en riant aux éclats, heureuses et parfaitement insouciantes.

À paraître en 2019 !
un nouveau volume
des aventures
d' HILDA

DANS LE PROCHAIN TOME...

Hilda a emménagé avec sa mère dans la ville animée de Trollbourg, et la belle nature qu'elle a dû abandonner lui manque cruellement. Quand elle doit faire un exposé sur les splendeurs de la ville, Hilda se trouve vite à court d'idées... Mais impossible pour elle de résister à l'appel de l'aventure !

En chemin, elle rencontrera des elfes sauvages, des dragons cracheurs de feu, un mystérieux corbeau parlant et de nouveaux amis qui pourraient bien lui faire changer d'avis sur Trollbourg, en fin de compte...